本书系安徽高校人文社会科学研究重点项目
「中国优秀传统文化融入大学生思想政治教育研究」阶段性成果

安徽师范大学文学院「青春丝语」文丛

何不忆江南

安徽师范大学文学院学生校园诗歌作品选集

戴和圣 主编

安徽师范大学出版社
·芜湖·

图书在版编目(CIP)数据

何不忆江南:安徽师范大学文学院学生校园诗歌作品选集 / 戴和圣主编. —芜湖:安徽师范大学出版社,2017.12
（安徽师范大学文学院“青春丝语”文丛）
ISBN 978-7-5676-3291-2

Ⅰ.①何… Ⅱ.①戴… Ⅲ.①诗集－中国－当代Ⅳ.①I227

中国版本图书馆CIP数据核字(2017)第271317号

何不忆江南

安徽师范大学文学院学生校园诗歌作品选集

戴和圣　主　编

责任编辑:房国贵
装帧设计:王　彤
出版发行:安徽师范大学出版社
芜湖市九华南路189号安徽师范大学花津校区
网　　址:http://www.ahnupress.com/
发 行 部:0553-3883578　5910327　5910310(传真)
印　　刷:虎彩印艺股份有限公司
版　　次:2017年12月第1版
印　　次:2017年12月第1次印刷
规　　格:700 mm × 1000 mm　　1/16
印　　张:18.625
字　　数:315千字
书　　号:ISBN 978-7-5676-3291-2
定　　价:68.00元

本书编委会

主　编　戴和圣

副主编　何　涛　杨穆龙

编　委　（按姓氏笔画排序）

孙霁雯　杨穆龙　吴青山　何　涛　汪　旭　周青松

赵　瑜　徐雅萍　戴和圣

总　　序

青春有很多底色，奋斗的青春最美丽；青春有很多条路，追梦之路风景这边独好；青春有很多迷茫，亦有诗和远方；青春有很多故事，故事里的你我是最美的风景；青春有很多味道，但无论酸甜苦辣，品味起来，都是我们的青春。

习近平总书记指出："历史只会眷顾坚定者、奋进者、搏击者，而不会等待犹豫者、懈怠者、畏难者。"作为中国力量重要贡献者的青年大学生更要认清时代之变和使命担当，以不屈的斗志、昂扬的姿态、奋进的脚步去追逐梦想和光芒。为了全面提升学生综合素养，文学院秉承"文以载道、学以化人"的育人理念，搭建发展型学生成长平台——青春丝语，以青春的名义讲好中国故事，唱响中国旋律，彰显青春正能量。

我们致力于将"青春丝语"打造成大学生思想政治工作的综合平台和抓手，主要包括：研究层面，开设"学生工作沙龙"，结合大学生成长实际加强校本课题研究、工作案例研究、专项课题研究，催生新项目、新课题和新文章，强化日常积累。辅导层面，建成大学生发展辅导站（学院心理咨询室），对接学院课程群辅导室，搭建师生沟通交流平台，构建教师对大学生发展辅导"进教室、进宿舍、进辅导站"的"三进"良性循环体系；讲座层面，精心打造大学生成长辅导讲座，基于大学生成长需求，举办青春励志、心理健康、人际交往、创新创业类讲座，助力大学生学知识、攒经验、长才干；活动层面，根据大学生思想政治工作要求，结合大学生身心特点和专业实际，举办心理健康教育月、精神文明月、戏剧戏曲节、体育文化节、传统文化进校园等活动，寓教于乐，潜移默化，润物无声；文字层面，既要固化活动成果，汇集成型成熟的作品，又要发挥作品在育人中的标杆作用、影响作用和引领作用。

我们致力于打造诗文朗诵、话剧汇演、双迎晚会、社会实践等文化校园活动品牌，联动"四个课堂"：第一课堂长知识，强化课程思政，促进教书育人和谐统一；第二课堂长技能，强化素质拓展，促进文化育人和谐统一；第三课堂长经验，强化社会实践，促进实践育人和谐统一；第四课堂长素养，强化网络意识，促进网络育人和谐统一。凝聚青春力量，助力大学生成长。

我们致力于培育和支持大学生自我教育、自我管理、自我服务、自我监督能力的提升，营造健康、积极、宽松、和谐的校园文化环境，大力支持赭麓书画社、江南诗社、太阳话剧社、汉语桥协会、五四爱心学校、江淮秘书社、德雅书苑等大学生社团的建设，形成百花争艳满园春的局面，促进大学生身心健康快乐发展。

我们致力于打造大学生专业拓展活动品牌，大力培育和发展汉语言文学（师范）专业“师范生技能培养工程”、汉语言文学（应用）专业“玩转汉语言”、汉语国际教育专业“带你读懂中国”、秘书学专业“秘书实务调研（国际秘书节）”、戏剧影视文学专业“传统戏剧进校园”等素拓平台，实现“专业—社团—平台—学生”互联互动，共同发展的育人局面。

我们致力于鼓励和支持学生会、社团联合会、班级独立自主开展工作，大力扶持中国大学生在线校园网络通讯站、中国青年网校园通讯社通讯站提升运行能力，努力实现学生人人有成长梦想、人人有展示舞台、人人有发展机会的育人格局。

安徽师范大学文学院“青春丝语”丛书包括大学生原创校园诗歌、校园话剧和社会实践作品，同时选录部分优秀校友访谈录，等等，这既是大学人才培养改革创新的最新成果，又是大学生思想政治工作的有益探索。育人的工作，一直在路上。我们学着优雅地转身，时时不忘专注地回头，微笑着向前……

所有的选择都因为爱。当青春遇见新时代，我们用读书厚积青春，用青春激扬文字，用文字拥抱梦想。

谨以此献礼安徽师范大学九十周年校庆、安徽师范大学文学院（中文系）九十周年院庆。

戴和圣

二〇一七年十一月二十四日

前　　言

中国是诗歌的国度。诗词文化，是汉语言的精华缩影，字里行间彰显着一个人的底蕴与情怀。

安徽师范大学江南诗社成立于1983年，与北京大学的五四文学社、复旦大学的复旦诗社、吉林大学的赤子心诗社并称为全国高校四大诗社，同时也是全国大学生文学社团联盟常务理事单位。江南诗社成立至今已走过34年风雨历程，共发展会员2000多名，培养出如钱叶用、沈天鸿、袁超、祝凤鸣、查结联、方文竹、李成、罗巴、常河、徐春芳、李商雨等二十多名全国知名诗人，出版诗集近百部，发表诗文万余篇，历年编发的诗歌作品多次被全国各大文学刊物转载。

江南诗社三十多年的发展，风风雨雨，历经曲折，不断成长，历久弥新。1990年11月，时任共青团中央书记处书记、共青团中央直属机关党委书记的刘奇葆同志致信江南诗社，高度评价《江南诗刊》的同时，也对江南诗社的发展寄予厚望，并赋诗一首赠师大毕业生。1996年，《大学生》在“全国高校文学社团擂台”的活动中，率先推出江南诗社，诗社开始走入更多人的视野。1996年，《飞天·大学生诗苑》整体推出了江南诗社15位作者的27首诗，这为提升大学生诗歌的影响起到了积极的推动作用，也表明江南诗社获得了权威眼光的高度认可。作为全国知名诗歌刊物的《飞天》《诗刊》，成了江南诗社成员大展才华的绚丽舞台。1999年，江南诗社入选《20世纪最后的合唱——全国高校文学社团大展》。2005年，江南诗社社刊《冷风景》被《诗歌月刊》评为全国民间40种有影响力的诗刊之一。2013年，江南诗社举办了成立三十周年庆典活动，历任社长纷纷从全国各地赶回母校，浓浓诗意充盈于师大校园。三十多年来，江南诗社风采不减，用她的绵绵诗意温暖着莘莘学子。

峥嵘岁月三十载，无数文人才子唱响诗歌华章，放飞青春梦想。每年九月，莘莘学子怀揣诗歌梦想加入江南诗社，共同讨论诗歌的发展、流派的传承、艺术的欣赏、意境的构思。虽然时代变换、世事变迁，但青年学子对诗歌艺术的热爱从未消减，同学们在青春年少之际，与志同道合的伙伴一起，行高雅风尚之事，扬中华诗歌之光，展示中华诗歌的别样魅力。

立足江南诗社的深厚底蕴和优良传统，文学院大力推动学生文学社团建设，精心打造专业品牌，使社团成为学生专业知识拓展、文学素养提升的重要平台，充分发挥其培养学生兴趣、强化学生能力、丰富校园文化的育人功能，而诸多诗社成员创作的诗歌作品正是直观的成果体现。

2018年是安徽师范大学建校90周年、文学院（中文系）建院90周年。在这个特殊时刻，将2011年以来青年学子的部分优秀原创诗歌作品结集成册，出版《何不忆江南——安徽师范大学文学院学生校园诗歌作品选集》一书，分享青春印迹，固化诗社发展成果，以期让读者感受到当代大学生对诗歌艺术的热爱、传承与敬仰。

戴和圣

二〇一七年十二月十九日

目　　录

朝花夕拾 ……………………………………………… (047)

白驹过隙 ……………………………………………… (089)

诗酒年华

佳节诗会

滴水藏海 ……………………………………………（235）

暮 云 春 树

静

胡家亮

曾想记下所有
后来都一一淡忘
一张纸无法承载的
是幸福也有悲伤

于是也不是尘封
只是不再放任自己
常常去回忆过往

很多人很多事
生命中只会有一次
从前我很认真地想
如果失去它们
我会感到多么悲伤

而如今
我已不愿再去经常谈论梦想

很少会记下什么
也不愿再把兄弟挂在嘴上

我知道有一天
我定将离开
这个充满欢笑与泪水的地方

连那些曾经深刻的
也都一一遗忘

只是如今每一天
我依然喜欢歌唱
喜欢和朋友在一起
喜欢蓝天、文字、金色的阳光

六号楼前的那排梧桐
梧桐旁的足球场
美丽的校园长廊
还有很脏
却一直深爱着的荷塘

每天都会有很多人
谈笑、奔跑或是偶尔的心伤
而我则喜欢
静静看着他们
或是偶尔有笑容爬在脸上

如果有一天
人们停止了歌唱
是不爱了吗?
还是?

我想答案
也许在每一颗
真正爱过的心上

(写于2011年7月18日,一个静静的午后)

成长的故事

胡家亮

有时
觉得自己
像《白雪公主》里的
第七个小矮人

不是不愿开始
而是怕离别时的悲伤

有时
觉得自己
像安徒生笔下第十六夜的
那个丑角演员

白天
微笑着谢幕
夜晚
孤独走出城外
来到爱人的墓前

生命也许就是这样
走着走着
我们就长大了
带着期待、努力与忧伤

每个人都在改变
我将接受这一切
但是会怀念
你和我从前的模样

（2012年4月13日于师大）

扬州·印象

黄文芬

当许多城市都改名为玛丽的时候
依旧舒缓弹唱着菩萨蛮
在那曲径通幽的园中，千回百转的假山里
躲开了时光的戏弄、岁月的侵略
扬州古典优雅地站在那里
看那满城风絮，如何见证岁月的增长

翠上叠翠，风景绿得饱满而又滋润
春柳含雨，扬州端庄得一如唐诗格律

长堤上的春柳，是待嫁的新娘
临湖梳洗那长长的青丝
夕阳下的倩影
醉倒在湖的心底
桃花笑了

荷埔蕙风，四桥连着五亭
等待在烟雨中，你的到来
徐园曲水，玲珑了白塔晴云
春流画舫，簪花书就
插一朵牡丹，持一束郁金香，眼望琼花眼波流转
舞起那水袖呀，以河流的形式环绕着你
瘦西湖，你看那二十四桥在浅笑嫣然
迷醉了，杜牧说玉人在吹箫、冷月有声

将油纸伞撑开成一首小令
交由东关街的青石板去吟唱
绣上唐朝的风韵与风采
带上那丁香的芬芳,剪除戴望舒的忧郁
着一古装吧,豆蔻娉婷的年华
你就是那传唱千年的女子
钟磬声声,诵经朗朗
郑燮笔下的那棵竹子也有了灵性
所有的喧嚣与繁华进入大明寺
都融化在栖灵塔,水波不兴
从容一如檐上的风铃
和着清风轻轻地唱,烟缭绕

倚窗寄傲,登皋舒啸
复道回廊
谱就的是那一曲一唱三叹的回文诗啊
花木扶疏
借助风势吟唱一首悠长明丽的词吧
沿着爬山虎的足迹
泼墨一卷中国画吧
而枫影宛然,钢琴还在
西方的油画也在其中啊

春风十里,卷上珠帘
我的视线是一床太短的被子
怎么也盖不圆满。那扬州的美
只能叹息一声,相约再次邂逅

诗意地栖息

黄文芬

我决定带上一首诗去看你
在年少轻狂的路上
去有你的地方
从今天的西安至那年的长安

沿着长江两岸的风景
我在石刻的诗歌上想你
和着徐徐的南风，细细地勾勒
你温润如玉的容颜

我想到了那儿
我们会守着那轮唐朝的明月
听着从汴京传来的骊歌
举杯邀月，随风而舞成三人

不必管秦皇的陵因有多少兵马在守护
才能抵挡住历史的风雨
只须相信一首使洛阳纸贵的诗
可以吟唱快意泯灭恩仇
喝着碧螺春，吃着使妃子笑的荔枝
在棋盘上模拟楚河汉界的激烈
琴瑟相谐，弹过每一个诗意的日子
我常常就这样回到古代，走进水墨山水

走进让心可以诗意地栖息的地方
过着一种沁园春或如梦令的幸福生活
我是你云鬓轻绾的娘子,你是我那断了仕途的官人

天堂牧歌

江　妍

(一)水畔矢车菊

水畔矢车菊的清丽,清洗心灵的污垢
诉说不完的忐忑,像海涛流向远方的远方
用一轮圆月代表我的言语,闭上眼睛安静倾听
消逝与消失隔着一道海峡,跨不去的最残酷也最美

沟通丧失含义后,距离像野草疯长
一颗心勇往直前的理想,破碎如同受伤的海星
追寻过往的故事,写一首此情此景的歌
弥补不了原罪,即使背叛的热泪洒下

迈步显得那么困难,谢谢肯定与否定我的他们

一群握着风车跑的疯孩子,电影般眼前闪过
快得停不下来,听不见风的呼唤
带上跛脚的我去旅行,去远方,去你们的世界

合上眼睛,看看能够到达的无限有多远
贪心地看着时光流逝,畏缩在时光机的末端
抹掉生命中最不光彩的那一刻,被瑟瑟秋风嘲笑
放开的勇气,现在看来也不过是灵魂的旨意

沉默能够解决的问题太少,吐沫在耳边咆哮

允许我演一场独幕剧，自导自演，自吟自唱
把内在的自我、本我、超我，淋漓释放

（二）一尾游荡的鱼

一尾游荡的鱼，在世界末日之前舒服地睡一觉
威武的吉他手啊，是否可以把所有的日子歌唱
努力地微笑，完美地伪装，身影却写满悲伤
风卷起的绿叶，送走年轻的故事和安稳的梦乡
后花园里有蜂蝶，毒了心灵的眼
从此看不见清晨的雾和暗夜的光
童话种在沉重的礁石下，没有温暖的角落
不平坦的小径，不安然的生活
被天堂放逐的人们，习惯将梦境当成现实
严肃的雕像在呓语着什么，默默与之对话
云朵洒下真诚的泪珠，成为没有肉体的孤魂
荒原之上，牧羊人悼念石碑上的史诗

诗歌可以被续写，如同梦长着翅膀翱翔
飞到一个没有人烟的纪元，寻找生命的本初
水流向东又向东，绵延，绵延
变化如激流不可遏止，推动着前进的脚步

长者的祭坛，哀悼的人儿带着伪装的面具
向上帝之光忏悔，恭敬而虔诚的信仰者
轻与重的较量，消散了生活的氧气
思想之战，回归平和的微笑

（三）时光停在你眼里

时光停在你眼里，你的眼里珍藏着海的记忆

我能听见你沉默背后的声音，充满哀伤的咆哮
干枯的河床上有大地最真实的模样，溯流而上
你我共同的家，这里不会有此岸和彼岸的界限

海鸥寄去冬日暗夜的絮语，沉默了一个世纪
还原生命的初衷，给你我一个最渴求的答案
延绵着的大山，穿越消逝了的古老的森林
断续的钟声，把最沉痛的历史和故事诉说

儿时的歌和嬉笑怒骂的文章，保存下甜蜜的梦
水流激起的涟漪和波浪，映照着太阳温暖的呵护
不愿去相信的事实，寒冷了一整个季节
陷入痛苦的漩涡，庆幸冬日亦有阳光

城市烟雾消散，灯光照亮夜色下的美与丑
一次伟大的进军，期以抗拒不可抗力
风嘲笑每一个路人，在脸上留下挥不去的痕迹
荆棘花丛生的远地，灵魂在独自远行

无心的收藏

陶忠健

最是无心的收藏
把我的整个冬季
系在疲惫的纸上

想象披着袈裟的天马
镀金的法杖
和被手指划破的晚霞

夜游神在长老的门前应答
说着不为人知的神话
池塘边的金柳开出芙蓉
一朵朵坐满菩萨

涟漪在未名夜里忧伤
摆渡满塘的碎银子
李白从水底浮起
寻找丢失的白鞋子

野鸭不合时宜的戏耍
惹恼开始冬眠的黑蛇
金柳在十五夜里神游
巧遇急红眼了的风女郎

最是一杯酒的力量

让今夜长满大胆的想象
月光应是醉酒的姑娘
把温柔嵌上落天的星星
化成满池的秋波

收风的婆婆忘了系绳子
让今夜的风光酿成一朵朵月亮
最是这一串串美丽的珍珠
幻化出离人眼中
最美的月光

假如春姑娘是位任性的女孩

陶忠健

假如春姑娘是位任性的女孩
她会不会选择飞翔的姿态
喜欢光膀子的农夫
和种苹果的少年

古铜色的大地像厚实的汉子
把飞翔的泪水和着希望唱成天籁
拒绝夏虫啼鸣，舀一瓢冷水
在相机的底胶上逐渐折叠
爱上这个季节，我们一起约会吧
没有party的日子，音乐都忘了灵感
邀来艺术家和诗人
还有光膀子的农夫
和种苹果的少年

在黑夜开始舞蹈，咬一口春姑娘的季节
把日子折叠成蜡笔、锄头和无赖
沿着单车的风景复制每一个笑脸
假如春姑娘是位任性的女孩

檐　　铃

庞晚婧

悬于百年前飞出的鸟翼
木，和瓦，和青铜
契合出不可企及的
沉重的优雅

飞走了的燕子
带来一支昏黄的斜光
无法穿透的沉默
和哑了的，时间的回声

只有风
在吹干宿雨的一刻吹响
噔——噔——

就好像
月光照亮了梧叶
光阴没入了沧海

蚕

李明真

为了创造出一件精美的工艺
我甘愿
把自己封锁在
一只寂寞的茧里
好比那
流星甘心于坠落
飞蛾扑向
黑火

蝴蝶与歌

吴　震

唱过歌的夏天就快死去
恋恋不忘的却是那泛白的日光
你说蓝色衬衫太长了
长过了被蝉鸣淹没的曾经
蝴蝶歌唱
曲终人散

森林与梦

吴　震

被宠坏的玫瑰花等待着回家
红杉的枝丫长成奇怪的角度
狐狸没找到的麦田低低地哭泣
夜莺说:“看!”
于是梦就浸满了月光

南方来信

刘西越

沿岸河滩上
白猫抱着一个人的名字
清水流过石头的缝隙
日落昏黄，轻轻褶皱你柔细的情绪
你的手里还握着南方的纸伞
彼时春阳潋滟，温度骤歇
十月的柔软手指
写不下一个完整的句子
矮矮的屋檐下
再读一遍你的南方来信
雨水滴落
不知绿苔几时铺满
墨迹无边无际
细雨里，昨日的书信生出凤尾
第二十八次的心灰意冷
凉薄如雪，覆盖无声
后来，你的信
在另一条河流
此去经年，静静流淌而去

春风不相识

金昭颖

铁皮箱外
有路过隧洞的尾风
和冥冥的泛绿的铁线蕨
和冥冥的泛绿的春天

走马观花都是雨
同霉米散落一地成玻璃
发霉
是无味的锈

春风不识

拒绝败柳的江南
忘记了花笺和上等脂粉的味道
都快成了和尚

草烟般蔓延的朽木轨道
在悬崖破碎之前戛止
风鼓了那湿的袍襟,勒曲了
腰
怕失足的慈悲
怕不归

而我在今晨滑腻的春沼淤泥里
看见了曳尾的庄周

祝　融

金昭颖

红色的祝融
掉落在浓黑色的不周山上
吞噬了每一丝颜色的黯邃
艰涩而嘶哑

没有乌鸦
没有光泽
连坟墓都没有
所以,也没有恐怖

冬日里的一朵小花

王春晓

这是一个什么样的季节
也许有风,也许有雨
但总是很冷,冷得连青蛙也去睡了
只有那朵小花,不顾指点地抗拒着冰一样的命运
心中一点色彩,不忍退去
这个季节不应该只是白

这是一个什么样的季节
也许无风,也许无雨
但一直很冷,冷到青蛙都不曾想醒来
只有那朵小花,一如既往地守着最美的愿望
触碰它,没有温度、脆弱的花体托着单薄的花蕾
看不清来时的路,找不到要去的方向
茫茫然不知何为

小小的花,像冰封在山顶的传说空寂寂地开着
坚守着开心的使命,为谁? 也许是我,也许是你
把心打开才能读懂热情的温度
寒风过处,落下几滴水珠,从花心到花叶
两片叶子,轻轻地抖了抖
只有它知道,那咸咸的透明状,是小花洒下的泪
……[依旧没有温度]

木　　鱼

王春晓

谁用饱饮风霜的手
从一棵树中,无端将你抽离
镂刻了你木鱼的姿态
也空余你一生的清寂
时间,在你的额头轻轻叩击遁入空门的路径
红尘有多厚?
聆听青丝落地的声音,空空如也
钟声,推开湿漉漉的叶
露珠抖落在月光的视野中
我说,那是夜无眠的眼
也在虔诚静视佛堂里
芸芸众生,诸体本相
反被烟火打成一抹抹贵族紫的细节
难得谁的经文,一捧满星
像是世间洁白的米粒,充盈着平凡的味道
空门之外,岁月非黑即白
光亮的记忆,被木鱼声翻阅成一册本草的药味
起落间,伤痛药到病除
像是佛前的一碗清水,晃了晃

这样的日子

王晶晶

或许，这样的日子还很遥远
你在大海美丽的中央
生命舒缓地投射到我们身上
这样的日子
我们会比以往梦见花朵的人更幸福
这样的日子
人类互相抱紧
每一张面孔都沁出透明的馨香

或许，这样的日子正是由于等待
才那样遥远
最终属于我们的岛屿
从你明亮的眸子中越来越近
和岛屿之后无边的海浪
这样的日子在我们身旁叮当作响
我们亲耳聆听了神的歌唱

只缘身在此山中

余子昧

只缘身在此山中
身在屋梁之上,九重天的燕子
卷落了几束凡俗
挽起长发,在了无牵碍中
汲水,摘果
把几支长柄扇搁置床头
就这样忧伤以终老,也没什么不好
白玉的木瓜
捧在手心里,怀里还有去年的瓜子瓤
竹席子作窗棂,日夜半掩
山里人都这样
谁进来就含笑应一声
算作招呼
骤雨如注,或骄火如媚
这十五年,我从山中学来的
只是一把利剪,切断女儿之私
勘破男女之相——
在哀乐同双的细雪前
甘之若饴
自持一方山里人的清净

闲

余子昧

我什么也不做，心思万牵
在转身的里仁街口
一场小雨将要奔赴与我
我不停地阅读，分析，把握冬天的堤岸
夕阳下会显得浅一些
此时灯光宾主有序
一个城市只住着一个人
春天无关紧要，只约定一封信
写到我静不下来的五月
就这样坐着，换一杯菊花茶
让美，不易察觉
在人去楼空的清冷
放开万念，执守一把口琴
彻夜不眠
小楼里的半点情义，亦作从容
胜过所有的刀子
化作钟声，鸣落千花

俯首即拾
就如这千里外的挂念

不堪藏身
不堪将落地的要领
臻于手记

钓　　钩

赵世泉

是风停不住的脚步,来到江南
是谁在寻那最后一地的栖息
没有草蓑衣,没有竹篾的斗笠
我的梦悬挂着江南烟雨润湿的钓钩
并不为等你
只是我不能,负了这一船的荷叶
还有那深陷在烟雨背后的轮回

一首诗的时间

赵世泉

这是诗人们的时间
可以看着绿叶,等着桃花
也可以心猿意马,然后
面壁或者涂鸦
没有人规定什么时候结束
姑且没有吧,我还要
看着下一场雪,然后
听听土蝉的喧哗

请给我一首诗的时间
我知道,还会有另一个诗人

安　慰

周江华

这是2011年的七月某日
蹲在手推车边的中年男人
在哭泣，那是他的车
一整天没有生意
他的右手撑头
左手紧紧地握住草帽
像一张被城市丢弃的废纸
风吹起了他的衣角

然而，在隔音玻璃后面
我安慰的声音
从骨子里发出
却不能抵达他
反而是全部反射回我
像一根根毛刺
让我从头痛到脚

离　家

金昭颖

长长久久乐承平
我总是被调教得很好

如同一只懒于奔波的狱卒
喝着铜绿调料的蘑菇汤
勺子欢快地敲着囚者的铁链
朽木头和味精的味道，却是很辛香的

从这里出去，回这里来
又到了睡午觉的时候
暴躁的梦境和虔诚的心魔
未婚的妻子穿戴整齐地跟着别人跑掉了

每一次都像一场低声下气的逃离
在第七日的时候
烈日下蒸着树香的故土
也安息了

11月的情书

金昭颖

越剥越绿的豆子
和越远越白的绫子
必须忍受的冬天
蝉蜕和死蚂蚁，烟头和烂泥土
无从饶恕的秋天

燃着黄色蜡烛的鸟笼
铜圈上一只连着一只
聊以自暖
也快融成了黑色

所谓情书
不过来自一场违逆人伦的春梦
醒来时还记得
上山同路
下水同船

评　价

陶忠健

这是一株枯老的树桩
静静地，熬过无数日与夜的凄凉
远飞的倦鸟看不懂它的执着
停在它的身上聒聒地叫
这是一株沉默的树桩
默默地，挨过整个四季残酷的风霜
坡上的松土说不清它的煎熬
依在它的脚下躲避山雨的剥夺
这是一株奇怪的树桩
微微地，吮吸生命无尽的琼浆
劳作的山叟数不完它的轮纹
坐在它的背上咯咯地笑
这是一株幸福的树桩
欣欣地，在每一幅风景画里充当最美的风光
年轻的艺人眯着眼睛啧啧地惊叹
断了头的根须充溢生命赤裸的坚强

独　　白

陶忠健

像患上了一场感冒
鼻塞，头晕，身体僵直
就这样，我爱上偏头痛
爱上一把剑和一块石头

投水的那天，我不在
老渔夫把问题写成独白
唱和的龙舟在为谁喝彩
没有杜少陵，流感开始蔓延
从湘水之滨到涿水之南
我们急需一场电影
或是一个情节

没有蒙太奇，现实一成不变
我是否该为你作书
或是为一把剑和一块石头
申冤

千年后的千年，我患上了一场感冒
鼻塞，头晕，身体僵直
我时常在披着落晖的江边彷徨
希望能碰到一个按着剑的疯子
和一个会写诗的酒鬼

替　　身

陶忠健

没有人能够找到我
不管是在青楼,云端或是老和尚的袖管里
我两袖清风,早已嫁给神秘人
他与世界无仇,言行
出自本能,思想具有私人性和保密性
从不危及他人。在自己的身体上
修铁路,挖煤矿,建高楼
埋地雷;或者遮手腕,割舌头
塞耳朵,掏眼珠,捶下体
最出格的一次,他模仿中唐诗人张籍
拿来一本书,在街边
把它烧成了灰,拌入饭中
吃得热泪滚滚。他给自己
设定了底线:决不
与人民为敌。在里屋的
床肚里藏着他无尽的悔恨
他总想在梦里开一场批斗会,批斗
我和他自己,我躺在他身后
早已把这个造梦的晚上撕得粉碎,没有什么
不可以,没有什么值得同情和反对
第二天,我离开了他,像大诗人李白
一样,潇洒地浪迹
我也曾放过白鹿,养过美姬
在孙悟空的故事里,还曾

演过照妖镜的主人

没有人能够找到我
我早已用粪土,捏造
数不完的替身

老　青　苔

何庆芳

阳光爬满青苔阶
你用海绿的眼睛观望

藤蔓绕过手掌
鲜花开满祠堂
白色悼衣白色的帽
白色布帘白色的光

破屋承不住这白泪
破屋承不住这悲伤
破屋在哼唱
哼唱在屋脊绵长

青苔爬满壁墙
壁墙挡住光
你用海绿的眼睛挽唱

梦回《山海经》

王　凯

拾起了你
拂去历史斑驳的尘埃
你说你可以
带我梦回蛮荒的时代
翻开了你
轻声默念着魑魅魍魉
慢慢地我走进了你的世界

那是远古的大地莽莽榛榛
有一位女子
她满怀欣喜地坐在涘水之畔抟土造人
她是多么神奇的力量之源啊
可以用烧火的芦灰堵住肆虐的洪水
可以托起五色的彩石补住苍天的裂痕
当世界恢复宁静
人们载歌载舞时
她仅仅留下她的笑靥在天际
你说,她是美丽的母亲——女娲

蓦地一声狂吼响彻云霄
我看见一个伟岸的男子在云端
挥舞着干戚
即使他没有了头颅
令我惊讶的是

他的双乳能够看透肮脏的世界
他的肚脐可以说出真诚的梵音
为了自己的理想与尊严
他一直挥舞着干戚
他的身影从未消弭
你说,他是勇敢的化身——刑天

一阵风掠过
把你吹向历史的苍穹
于是
你带着山鬼
你带着饕餮
你带着充满神奇的事物
消失在晨曦中
在历史的罅隙
你只留下了你的名字
你说,你是《山海经》

叶·自语

王阳炀

舞倦了的蝴蝶悠然坠地
跌落在阳光普照的密林里
一缕金色挤过绿荫的缝隙
灵魂蒸腾，无处皈依

从林深处的呐喊消耗了我全身的力气
而回音却凝结在厚重的空气里
光阴的琥珀凝结了这串悠扬
虽然埋藏在残腐的枝叶里
压抑，喘息，透不过气

但我不曾犹豫
既然被黑暗压挤
为什么还要漂移
不如与泥土紧握，壮大树的根基
用炽热的心化解寒冷的土地

不知是谁呢喃低语
说近旁定有一株酝酿了千年的翠绿
在百转千回之后
与我安详地相遇在云里

薄

王雅婷

隔着晨雾和远山
你的笑靥很薄
因为
这头的我都能看到
你的羞涩缓缓晕开
将朝阳与云朵染红

树

姜慧君

是你亲手种下半院阳光
如今只还半壁阴凉
树下摇椅轻轻摇
蒲扇的手也轻摇
老房子的门半掩,吱呀
门里笑声挑起帘子
门外的连廊里是你
是老去的你啊
是你交付年轮的梦想
你轻笑
眼角的痣淡去
树下半壁阴凉
梦也凉,梦也凉

春岸的桃

王嫣然

从遥远的遥远传来一支古歌
蹉跎了时光
三月的风再一次把你挽留
也许,注定是一个浪迹天涯的人
请不要忘记唯一的灯光,唯一的花香
瓦房子,屋顶的炊烟
江南的风吹干一夜的露水
却在一片阳光中寻觅你的足迹
我从北国的寒风走到江南的烟雨
走过的路上开放着三月的鲜花
采一株新桃
把它葬在烂漫的春光之中
那一树一树的花开仿佛是谁在表白
这一条忧伤的河流
从上古的源头流来
流过白蘋洲
流过古渡头
流到我的眼前
只化为一句
桃之夭夭,灼灼其华
之子于归,宜其室家……

寄给远方的

王嫣然

去年,我走在江南的烟花柳岸
莺鸟和清风装饰梦里的歌声
哗啦啦的下雨如同哗啦啦的哭泣
我把流年写进一封寄给远方的信里
梅雨的季节,淹没村庄和小溪
稻草人和麻雀安安静静地对峙在田地里
我从朝霞的绚丽走到夕阳的柔情
一支欢快的歌也唱不出我的心意
小小的精灵住进屋檐上的风铃
一唱一和,一唱一和
蜻蜓的薄翼有阳光的脉络
我怀念的地方,久违的歌声经久不息
断断续续,苔痕爬满夏天和午后
众人散去的晚宴,不醉不归
月亮从山头爬上心头,又迷失在回家的路上
黎明前的破晓,静悄悄的沉寂

月

庞晚婧

我们不爱月亮
苍白的脸和鬼魅
柔弱又叫人害怕
池塘里浮起一阵风
带来胭脂和酒的香味
夜里不知道什么是自由
像被黏稠的墨裹住的鸟
温暖和锋棱
隐没于声色犬马

远古的诗人爱在月光下跳舞
擦一柄雪亮的剑
远古呵
远到唐诗已经死去
远到月亮化成一具
白森森的骷髅

所以我们不爱月亮

朝 花 夕 拾

多雨的街道

邓沛裕

乌云把月色惊扰
沾湿的石阶蜕出纹理
一条讯息无声奔跑
从这个街口
向四面八方

花朵纷至沓来
分开亲密的雨丝
吊挂在半空
被过路人撑开
他们步出喧闹光鲜的巢穴
静默地游过
半透明的水底

街灯闪烁
年轻优美的影子
一片片飘落
在滚滚流水中沉没
窨井饥饿地注目

捉摸不定
五指打了个寒噤
滑腻的玻璃闷声叫喊
泄露温热的回音

顾客取出跳动的奶酪
心口再无潮汐
任凭青苔覆盖百年
记录每次大雨的狂欢

脚

姜　燕

暮色飞驰，粗糙的铁轨气喘吁吁
漫不经心地奔跑，疲劳疼痛迟缓
传说包裹着夜的呼吸，晃荡吐出烟圈
“在遥远的巴马，寨里有百岁的老人
面庞温热像盆里盛满孝心的药水”
而他的脚，却长眠山泉破碎的冰冷

吆喝绊住窗外任性敲打的雨，无心嘲笑
我来不及抵达时间坠落的河谷
大步离开拥堵，故事继续热闹
而他的脚，却在那独自厮守唯有夜的衣布

汤锅里的面吵嚷着加州的味道
而他的脚，越入河内，数十年
无所谓人知晓。从长江到南方的多瑙
也曾踏入我上学的地方
那年的老海关，错过了和他同来的脚
那年的城市，他笑还没有今天的轮帆

二十二岁生日的前一月
无人问津的第一个七天
一个不该被铭记的季节。灯火里
几百色匆忙的鞋子，今夜
和我不是同一个方向

而他的脚,遗失最爱的那双
叮嘱左手边樱树上沉默的铃铛
在门前,等我
天亮前来家

冬天的信

姜　燕

他说，“唯有旧日子带给我们幸福”
你或许不信。直到瞥见
后来，钟与表的步伐
竟像矿山与江水的温度

年轻时不知
秋与冬的擦肩，只隔着
不过几尺斑驳嶙峋的躯干
树影与落叶之间，坠落的
是南方裹藏着海盐味的情话。听说
无人听闻，还有海浪不知名的歌
而那些关于你和我的诗
早在干枯的叶脉中
卷入那秋风暴的漩涡里

橱窗里倒影昏黄
曾与夜同样僵硬的面庞
黑色狂想裹挟着呓语和遗忘
银白色新人与老人
笑声穿梭飞驰的目光
酒杯在一旁，与昨天安静地退场
星光扭转背影，照面即是分离
唯有冷峻静坐的石头与我
两两四目相望

我不再是那条鱼
鱼唇轻吻的
也不是
我瓶里的那棵树

每一天都躲闪隐喻着告别
又重新拟写下一幕再见

立冬未冬

潘星星

清秋傍晚
落日在宇宙那头依旧永恒
夜,还未开始狂欢
你眼中的湖泊正惊醒一只白鹭
以致此刻你张大了嘴巴

稻草人还在朽烂
原野的风吹过山岗
于是农妇的烟囱不再发烫
荒芜在道路两旁悄然生长
双脚走过的印记被时间再次收藏
日子不过是被子的这一面到另一面
或者布满螨虫
或者布满螨虫的遗体
你开始贪恋那些焦香

有时你静坐门槛
思索那些猫离去的方向
有时你欣喜屋顶的鸽子展开雪白的翅膀
更多的时候你不得要领地张望

梦的两端被故事反复拉长
等到星星被黑暗擦亮
等到母亲的手里飞出凤凰
等到孩子们的眼睛被食物点燃

画

卢文韬

山峦与林木延展出沙滩
岛屿，在七月的阳光中显得近在眼前
——踏过层层水波，如同蝴蝶的翅膀
在静止中被海风吹动
蓝色的渔船漂泊在海面上
斑驳的木板，船锚的修铸声
在记忆里已经很远——海平线上青绿色的陆地

白昼戛然而止，而灯火
仍会沿着原先的路径
与那片被黑夜哺育的水域相遇
在拉家常的竹椅旁，星星悄然出现
古老的贝类仍在沙底栖居
人声更迭，云影在沙滩上变换

大海总是带来我们无法命名的事物
风暴为何在细沙上变得轻柔
这是不是我第一次，踩在你有血有肉的身躯上
唱渔鼓的人离开了很久，那边
只有未知的鸟鸣停在枝头
妈祖庙与基督教堂静静对望

必 修 课

卢文韬

街道旁，半指深的雨水
害得你结结巴巴
“人要会说话”，这是他唯一的总结
和对你的期望
所有的路牌都指向医院
中止的借口，从没想象的那么多

——时间已经证明了假设的无能
他总是用饭桌上鱼的新鲜与否
引开船底暗礁的疼痛
你则习惯于在另一片大海学习游泳
和疲惫时回望沉默的落日
在病床前，礼貌将你们互相包裹
灯光燃烧着流动的回忆，缓慢而有耐心
很快，黑夜来临，鸽子将飞离屋顶
返回时的走廊总比来时阴暗
你盘算着还有多久
恰好赶上红绿灯与杜绝选择的路口

——在下一个幼稚的冬天前
“你要学会忍受剩饭里的锅巴
学会用烟酒代替陌生的对话
学会拒绝雨伞和感冒药

以及不怎么聪明的爱”
他睡了，我们各自关上门
等待着令人心安的寒冷重新升起

镜子碎了,你就来到我的面前

夏小燕

镜子碎了,你就来到我的面前
花裙子是我昨天给夕阳的定义
齐刘海儿是我看到的海洋
那么,这长发是我喊你名字的每个夜晚

没有,我没有忘记眼睛
秋水所致,夜色微凉
你是我船上读诗的月光

流浪与流浪

夏小燕

听一首关于白色的歌
那是小孩儿盖城堡圈定的地
通行证是一双翅膀
或者一个月光如水的故事

当钥匙只有夜色一把锁芯
城堡也只有流浪这一种解释
大人不会梦游，所以大人与大海
只有日光浴和艳遇这些可能

晴朗天气，沙滩白日，人类快乐无比
总要有人收集贝壳，不为财富

某年某月某海岛，有人问起
你就说，我带着歌声来到大海
而从今天开始
我为了找你

右心房是人间不停的喧嚣

许潇菲

我不妨
不妨说我孤独
黑暗中汩汩流淌的溪流
夜里异端的眼
醒来呼吸的是全城第一口空气
如冰,如泥,如木

我不妨
不妨说我被拒绝
激涌的河流禁止我踏入
空气不容许我插手
只能在远古的闪电与野草间徘徊
徘徊不与你相见

被抛弃,被遗忘,被隔离
过去不去,未来不来
在逼仄的左边度过无休无止的现在

而右心房是人间不停的喧嚣

答　案

张永满

四种写法，茴香豆的“茴”
许多年过去了，你知道的
不会比他更多，无知
从未停止过为自己辩解

总会有人替你铺路，总会
有人把灯光架好，关于
生活的舞蹈开始了，走吧！
你几乎从未犹豫

面对明镜的质问，面对
红色满月显露的真相
你无法改变光的路径，却总是
有处可逃，运用古老的手段

向无知宣战，一个圆环
向我打开，无始无终

天地一指，难以注解的修辞啊
站在我的对面，而你又是谁
众矢离弦，刺向无的之地
没有敌人，和解，又该怎样达成

和我一起做出回答，你
的灯光，却再度亮起

乡村夏季

张　振

火热夏季的冰冻记忆
从生满皱纹的池塘上浮
杨树挥起飘逸的手掌
告别瘦弱的春天
蝉声变得劳累而沉重
落满衰老的乡间道路
没有方向的云
何时才能找到归依的山地
信鸽断裂的鸣叫
徒劳地追赶逝去的青春
麦田里孩子的歌声
早已没有任何踪迹
清风苦涩的悲痛思念
在灼伤的天空高悬

东 北 偏 北

——纪念逝去的人

周梦杰

北方的风游离地吹过
微抚着落叶流出了寂落
街边的路灯泛黄的闪烁
清亮着风车的零落
纯白的围栏已变了颜色
枯寂的草地诉说着幽默
遇见你像小溪欢流快乐
却因这冬天的微风沉默着

我在北方高纬的天空
无力地看着寒流的北风
满山的枫叶凋零了心中
对岁末温暖的等候

我在北方冰封的天空
山川堵塞了未完的微梦
满山的枫叶覆满了心中
对你的感动
偶尔看你孩子似的笑容
融化了寒风,温柔了冰封
那份天真黯然了北方的纯白干净

哈库那玛塔塔

陈 娴

想起星期六的少年
她的心蓦地温柔下来
枫染红了漫天的空气
蔷薇沿着大道一朵一朵怒放
一朵,一朵
风从窗子里进来
木牌被吹得摇摇晃晃
想起少年
蔷薇爬满了斑驳的怀表

花店里的玫瑰

袁业健

你的不同,和谁不同?
难道仅因为四月的雨水柔软了?
我还是带着帽子去看你
却又在门外的矮松旁停住
毁灭的信号
尚不能完全听清
哦,时间在你的唇齿间静默了
我期待着一个晴天
和少许的风,阳光沉寂得
就连叶和叶之间的细微脉络
也会暴露在荆棘中
只有对着墙上的黑白广告
我才敢用我的目光轻抚你

而我只伫立在那里,距你
不过是四秒钟
是不是我独自从人群里挤出来
就可以毫不犹豫地拥有你?
我的谎言并不能成为谎言
与别的花相比,玫瑰
听起来才更像是玫瑰

“本店玫瑰特价,三元一支”

六月，我站在你的影子里

童逢逢

这就是我们一览无余的最后季节了
岁月静好，阳光明媚，没有蝉鸣
因为它们并不知道
我就站在你的影子里

从凉薄的春日醒来后
忘记了当初的自己是怎样提笔
而梦中的泉水依然闪耀
我只记得寂如烟云的日子里
我拿着画笔，站在梧桐树下
描你淡淡的轮廓，淡淡的容颜

念想细若游丝，流浪的信四海为家
人来人往，一身尘埃
单车靠在橱窗旁遥想多彩的玩具
路灯沉默地站立遥想点点的星光
没有芳香的龙胆遥想柔软的艳阳

想裁剪一件碎花连衣裙
时光静静不动，我拿着布料的手静静不动
曾拥有过的深蓝天空在六月轰然倒塌
大雨倾盆迷失于熙熙攘攘的街头
而你找不到我，因为
直到六月，我还是站在你的影子里

我所遇见的，我无法为之命名

许潇菲

我所遇见的
我无法为之命名
它们统统收敛起自己
在单调的春天退场
在与槐树并列的日子里
我像仇恨鞭子一样仇恨它们

直至今日
它们仍不时爆出亮烈的鞭响
混沌之海上划过嘹亮的闪电
木屋前旋转的暴风雨
提醒我消退
并不总与记忆同行

让青鸟在来世的信中哭泣
让时针的皮肤纷纷破碎
让碎片落入荒草丛生的窠臼
于是我在满是野草的窠臼中徘徊向前
徘徊向前
满世界都是鞭影旁的槐树

一个梦想

夏小燕

情欲萌发的时候
桂花未开
枫叶已败
总是迟过别人一两点

深夜不再写思念的文章
不想猫头鹰再把我的信留在夜晚
其实,我也不知道寄给谁
不过是高脚杯的红酒,红酒里的镇静药
当我看见星星的时候
我在昨天晚上一个人的草地上
当我看见山火的时候
我在没有方向的列车上

那是个我去找你的时候
从云南到上海
阿芙罗狄忒没有听过茉莉花
月老已老
茶凉了
我没心思的又加了一壶
它溢出来能不能汇成一片大海

你是不是在方丈蓬莱
我也可以骑着青鸟

提着一篮红豆
我也可以向诺亚借艘大船
我只走天上

我同一个梦已醒了两遍
就让我开灯看见你熟睡在我的身边吧

孤行者

杨岭

就像一粒蒲公英种子
乘风而起
飞越百里
落入陌生的土壤
本自无根
漂泊何依

十一月的朔风
冰锥般刺骨
寒意自趾骨向上
蔓延
秋雨裹挟着孤独
捧一杯热茶
读一本好书
偶尔抬头望一望窗外
烟雨空濛

当露珠降下时
孑留的木叶
正在凋落
昏黄街灯下
一对对伴侣相偎取暖
茫茫人海中

一颗心不知何处安放
寻觅
却不见

那　时　候

郭文轩

早先时候
夜晚是黑的
天地是小的
有人在田地里疯跑
追逐他们的
是天上的月亮
和屋里的灯光

从南到北
思念经得起辗转
熟悉的煤油味
两块五的英雄墨水
糅进一封信
猜测路上的行程
慢慢等

如今麦地里一茬一茬
刺破等待的眼眸
新翻的土地混合着不安
我摸不到最深处的根
倾斜的土坡上一望二十年

旧　人

姚制清

醉酒的黎明
慢动作缱绻胶卷
归路爬满土地的每一寸纹路
他背包
她往回跑
我在原地站得越来越放松
站成了旧人
迎接新的他和她
和他们顺便捎来的家乡的口音

芦苇上的异乡人

朱 晗

深秋在河畔的浮萍上沉睡
我在一叶芦苇上
低头看水面上
自己芦苇一样的倒影

数不清的晓风
像脚下的河水一样流过去
傍晚时就该抵达的
我抬起头
看见熟悉的月亮
描画着亲切的乡野
窗子里嵌着的远山
轻轻扇来野草花的气息
田野里的鸟群
拂过露珠一样的稻田

月亮光照着
岸上的白山茶花
像一个透明的梦
我伸出手
触摸到的只有一束冷风

不，别慢下来
那只是个透明的梦

我躺在花瓣上
被风吹得四处摇晃
我在心里喊了一声
却发现
寂静的山谷里捉不到回音
怎么,我迷路了吗?
我竟成了这片山谷里的异乡人了?

云慢慢出来了
梦的颜色化成没有星光的夜空
星星落在水面上
水面就结冰了
我只是看着水面上
自己芦苇一样的倒影

犹恐相逢是梦中

伍晓岚

我用我蘸了墨的笔
勾勒我逝去的旧时光
暗淡的灯光洒在素白的纸上
文字似精灵般在笔尖跳跃
思念如同疯长的海草,扯不动拔不掉
记忆中的黛瓦泥墙
故人的音容笑貌逐渐模糊
心开始慌了,泪水如泉涌出眼眶
像锋利的细刀从脸上刮过,火辣辣地疼
从嘴角缓缓滑入
苦涩滋味刺激着味蕾,晕开在口腔里
远方火车的鸣笛声划破夜的静谧
带来了一缕故乡的风
我又想起了那个单纯无邪的你
你说,有一个地方远在千里外,适合用来怀念
那是故乡
我说,有一群人放在心尖上,最是念念不忘
那是故人

有　　感

刘潇潇

落拓岭南无足恨，此身早许寄潮阳。
梅捱霜雪尤清芷，兰伍蓬蒿尚异香。
但有尊师崇沛国，岂堪举案奉王昌。
青青茂木何英挺，合处初心即故乡。

北方的夜

——纪念一二·九

蔡玉峰

北方的夜
八十颗流星掠过星空
一颗一颗的光
如寂静的河
如燃烧的梦
清澈美丽
晶莹滚烫

它们仿佛在北方而生
它们仿佛为北方呐喊

它们仿佛在诉说
八十颗流星前的
腥风血雨
八十颗流星前的
苍白柔弱
无数八十颗流星前的
天空的摇晃与破败
大地的哭泣与脆弱

它们仿佛在诉说
第一颗流星时的

呐喊与抗争
第一颗流星时的
拼搏与勇敢
无数第一颗流星时的
街头的呼喊与热烈
城市的风暴与激越

流星点点的光
划破宁静的夜
流星闪闪的光
吵醒睡梦中的老人与孩子
一声声祝福与骄傲
从北方的夜
流向四方沉默的城与人
流向人们心中
对祖国对自由对和平
对安稳的心
流向人们心中
最骄傲最勇敢最坚毅
最透彻的心

北方的夜
八十颗流星掠过星空
与未来的一颗又一颗
一同流向
远方安宁的河

暗　恋

姚制清

头发又长到后腰
指甲也长了
我还是记得你

木栈桥上杨柳依依，水光粼粼
花香撺掇凉饮贴紧烧红的面颊
水杯里的可爱笑脸
刘海上的悦耳声音
那种空气在高山上薄如轻纱
你是谁呀

脚边的空气随意，散漫
人影都被它遮掩
我偏是没有名字的那一个

岁月梳篦残照
百叶窗放过慵懒的风
一条一条的光线覆上身体
纤维都是脆弱的

你究竟是谁呢
老去的印象里
你也有过同样的问题

避　　雨

卢文韬

站台的破旧与锈迹已经完成
我们贡献出余下的惊慌
沿着积水的人行道
停在阻止者的手势前
生活的骨头就是忘记带伞的时候
反复的虫鸣与寂静的圈套
引诱着进一步的逃离
扮演的技巧烂熟于人心

弥补上溃败的台词后
时间的戏剧
又回到这个午后
你的坦然
总是被曲解为过分的优雅

“我们不停地落下
像雨水一样紧挨着”
而别离短促得如同手指
招手时便已悉数伸出

这是一次预述
塑料制品已经教会了人们躲避
但剩下的风雨，将一直
伴随着我们，直至入睡

春　日　祭

伍晓岚

当春天穿上夏衣
我的玫瑰也要死了
还未来得及认真感受春天
可它却转眼老去
好像错过了什么
烟雨蒙蒙的江南小镇
轻踏迷茫的青苔
我在杏花满地里寻觅
孟夏的踪迹
唯有北上的温暖不期而至
泛起鼻尖的淡淡暖意
小心翼翼打开门
只是一屋子的风
闭上眼
猜一个风已别离的春天

风会记住一朵花的香

李冠达

明珰依扃牖，浪子教歌喉。
画鹢同春远，闲云空自流。
敢辞萧史榭，频上玉人楼。
南风知我意，应遗海棠秋。

绿

孙　松

你的眼睛紧紧贴在
窗玻璃上
一颗芳香的樱桃被咬开
葫芦啊小楼
我记得一场大雪
曾让所有具备光泽
而你显得肃穆
更像你了

那最初的没有声音
绿色围裙透明了星光和剪影
明天是一种笑容
侧耳倾听
我不信任鱼和小玩具

有年画贴在窗间
你敲醒鱼儿的声调
远似寒山牧马的清明时节

我没有不辞而别,音节衔你们更远

姚制清

当钟声敲响黎明
像是约定已久的
你们拍了拍我的肩膀
我们握手寒暄
跋涉的脚步惊扰了秋季
果实迅速成熟
大雁在蓝天下集合
河水冻结成冰
又割裂相互取暖的温柔话语

太阳悠闲地爬高
爬上去再爬下来
挂在屋角做一盏有眼睛的灯
房屋的影子尴尬地拉伸
我现在街尾也免不了与它们接壤
步态优美,节奏适中
心情不太轻松也不太沉重
脚步声像到来一样离开

总得有人为你们饯行
细心计算你们下次经过的日期
还有检查那只钟的性能
我是松鼠
擅长准备和收藏
乐于回味

一种观察

卢文韬

下午五点,雨来的时候
已经没有午睡的遮掩

倒掉旧杯子里的旧茶
让旧诗集在阳台上冒出新芽
像角落里悄然生出的青苔
躯体与灰色的城市静静对望

门窗放下它们的戒备
让栏杆生锈
烟灰与灰尘缠绕

雨丝纺织着黄昏

背靠着饮水的云
有一两声落叶,伏着水面
分不清是白头翁还是麻雀

白驹过隙

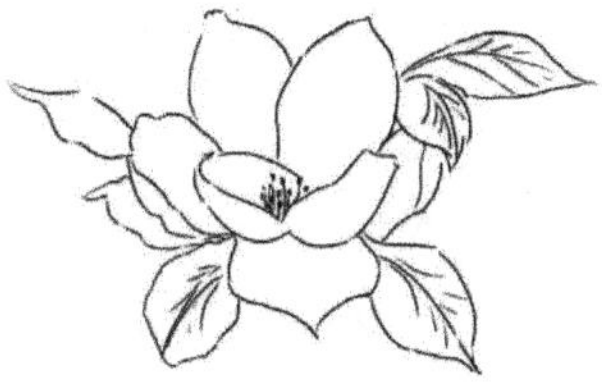

春天的空白

木　若

生活
将空白扔给了我
满心的无奈
天空也失去了阳光的色彩

风儿轻灵
携着百灵的歌声
轻轻走过我的身旁
叹息着一路的艰辛

春天依旧丰腴
残存着照人的光彩
只是,我紧守着心内的那道门
不把什么放进来
即使有钥匙转动的声音
只是看着那层层的保险
傻笑,发呆

不想行走
将自己困留在河边的石头之上
躺着,一切的一切走过
我,是身下空白的石头

但愿还是河

王腾辉

怎会如此容易
我想到的邀请
竟然未加思索
便水到渠成地成了现实的一点

我,站在这里
默默地紧锁自己
哪怕些许的回忆
都不想眼泪溢出点滴
我怕
那不经意的一点流露
会慢慢地积聚
最后汇成雄壮的河流
冲破那一座我精心构筑的大坝

没有了障碍
我们赤诚相待
我,不知道
背负着一切的自己会是怎样的模样
有你的温情,我怕消融掉自己
就像晶莹的冰一样
改变了,消失了
只留下曾经的回忆

哪怕些许的厌烦
都将是罪恶血液的无情流淌
我,真的不愿意
将自己的选择压抑在你的身上
若可以
还是并行的河流最为恰当
没有冲突,不会影响
我看着你的自在逍遥
你也不在乎我的随意流淌

花开在鬓角

王腾辉

喜欢吗?
我不敢问你
轻咬的嘴唇
透露着秘密的欣喜
只是游离的眼睛
飘成了水波的灵动
朦朦胧胧的世界里
我,看不见你

只是一朵花
开在了你的鬓角
那摇曳的风采
在清风中传递着银铃般的笑声
惊呆了远方的百灵
窸窸窣窣中没有一丝的声息
潺潺的流水也只是静止地待在那里
陪伴着杨柳低垂了头

我,只是站在你的身旁
但愿花开的勇气
将香气弥留在我的心底
能将你陪伴
即使不是整个灿烂的春季

那一个女孩

木　若

看向那一个女孩
你看不出什么样的色彩
一切是那样的随意
不会有造作的痕迹

她走在路上
没有大摇大摆,可
也不会矜持地将脚步化作莲花
轻轻挪动
她总是那样漫无目的

只因小小的事情
就将笑容放在面颊
然后,蹦蹦跳跳的像一个
洁白的天使
将快乐传递

她呵,将声息糅在了清风里
扶携着柳丝轻柔身姿
翩翩舞动的绿意
应和,陪衬着
那善睐的明眸
即使潺潺的水波
也不会暂时地停止

只为追赶她那欢笑的足迹

但愿
化作那一节节的笑声
在春风中唤醒一朵朵的沉眠
即使开不满整个花季
也不会失去一时的绚丽

骑单车的风光

王腾辉

总是行走在路上
大地的怀抱拥着前行的鞋子
渐渐远去
慢慢地习惯了那厚重的感觉
脚踏实地是一种沉重而美丽的思念

然而,花的美丽
并不能遮掩百灵的清脆的啼叫
离开了大地
何尝不是一种别样的奇迹

踏着单车
没有一丝的身体接触土地
浮空的感觉
不是空虚的填充
也没有恐惧的兴风作浪
只有一个自己,外加心的自由飞翔

穿越在春光里
仿佛游走在别样的时空
飞舞着的
除了裙裾,还有那
被春天温暖了的空气,随风流浪的水滴

我,放纵了自己
不愿在那土地上展示
自己仅有的小心翼翼
即使不是真的飞翔
那梦想的追逐张扬
也是一道绚烂的风光
对我,对拥挤的心
还有紧缩的眉头

那位叔叔

王腾辉

一直以为他们的生活就是那样
在我们所看到的地方
重复着劳累的工作
即使辛苦
却不随意让苦水倾溢
一时的谈笑
不过是化解为生计奔波的苦涩
一切就是那么安然
无须欣赏,为没有必要多加言语

不期
一张飞碟从眼前划过
优美的弧线,将抛物线的定义完美演绎
“砰”的一声落在了柜子之上
是他的手那么轻巧
还是,单调的重复自会带来娴熟的技艺
只是,看他的脸上
却没有些许的骄傲
原来,不过是无聊时的恶作剧
像小孩一样
却失去了小孩那样爽朗的笑

我的自己

木 若

不喜欢将规则
作为自己的指南
那些条条框框,生活的蛛网
等待着将我粘滞
滞留的生命到底有多少
不会是尸骨无存的饕餮晚宴

我,看向了自己
不愿和生活携手
将坚实的土地刨开
用努力的铲子一下下地把那个洞挖深
合作地自己走下去

然后,让狂风席卷大地
那些抛弃的灰尘
毫不留情地落在这里
眼、耳、鼻、手
一切切的东西渐渐从我身边溜走
不会挣扎,只想将眼睛打开
只是费力地抬手
却连眼皮都碰不到
世界的一切
灰蒙蒙是我的色彩

我，把脑袋别在了身后
不愿回首，也不愿再想什么
长久的终不是自己
心内的痕迹
即使岁月抹去了
至少，我
还是那个我的自己

因为春天

王腾辉

只是因为春天?
什么都从冬眠中醒来
花香,鸟语,水流
妖妖冶冶地充满整个世界

我,仿佛刚从冬天中走过来
甩甩身上的尘埃
用凛冽的河水涂抹一下已经麻木的肌肤
激灵灵一个冷战
才发现自己依旧存在
那些经过磨砺变得坚硬的心
没有了棱角的感情
一瞬间剔透晶莹

那桃花,偷窥着园里的一切
一夜的残风冷雨
凄然地颓到在地上
没有一丝言语,也不需要叹息
即使花香布满不了整个春天
也不会被光艳的阳光遗弃
陪伴春天
度过最美好的日子
生命依旧在别人的回忆中绽放

曾经空白的岁月
就让幻化一缕云烟
又何必在意
绽放在生命的春天
即使一路不再绚丽
曾经的回忆又怎会忘记

持　烛　者

祝凤鸣

正午的持烛者
站在宁静的日光里
和善地
孤独地
没有护送的人
站在树荫和凉水里
白生生的蜡烛
风里的烛光展开黄绸
田野响起霹雳
光辉的露水升腾
家乡萦绕在心上
心爱的人坐在古塔里
持烛者
看见天边婆娑的天幕
看见微微晃动的蓝镜里
自己的嘴唇
火红而新鲜的嘴唇
倾诉着人的悲哀……

深　　渊

徐春芳

有酒,我也不能举杯畅饮
有故乡,我也不想踏上归程
有镜子,我也不敢细数白发和皱纹
有黄昏,像我的烦恼一样宽阔啊
梦那么窄,我翻了一个身
满天星辰在一只杯子里碎了
依然是那些声音,在记忆深处
开放赤裸着游戏的鲜花
多少年以前,我们的影子在江水里
变形——摇晃着叶子的芦苇
流水穿过身体,带着风的战栗
我们的手上涂满落日的金漆
月亮升上来——如今多么遥远
在你的扇子后面,有我们的第一个明月
落叶飘下来,覆盖记忆的呼吸
我像书页一样慢慢被时光翻旧

江　　南

刘　拿

是那江南温柔的水乡
已忘记了诗人的忧伤
还是和着青色的烟雨
在古灰色的高墙上
夜夜散发着芬芳
除不尽那幽怨的苔痕
走不完这寂寥的雨巷
没有尽头的惆怅
就像紫竹一样
节节生长
时间飞得太快
终抓不住流光
被遗失在这天水一方
只剩下这江南的水乡

五月的孩子(外二首)

夏圆梦

五月,窗檐下起了一阵雨
妈妈被雨声吵醒,翻了个身
又沉沉地睡了去
星星是不听话的孩子
晃着胖胖的身子
一不小心,从天上摔了下来
摔进槐树的花苞里
还有一颗掉进山沟里
打湿了一旁的芦苇

茉莉香片

总在没有月亮的夜晚,一个人看天
看错落的星子,听迷乱的风
看昏黄的灯打在斑驳的岁月上
紫色流苏,摇晃凉薄的香气
轻轻一抬手,搅乱一室的安静
偶尔的休憩,慌乱的心跳
我不言不答
你缄默不语
转身,假装只是一个错误的动作
生硬地避开
落"慌"而逃
燃起的茉莉香片

遗忘在
一大片陌生里

六月的精灵

你是从土里钻出的孩子
穿着破破的小衬衫
在那一丛丛的夏的热气里
你站得笔直,笑得羞涩
我从你身边经过
不小心采了你的一朵小花
甜甜的骨儿,细小的疼痛
在下个月找个空闲的日子
为你缝制一件小裙子吧
火红的碎花
你是从天上逃下来的仙子
带着绿绿的香气
一下子挤满了凋落的桃林
缠绕的手掌搅乱了整个池塘
真是一个让人头疼的孩子

乘　　客

李　玲

一张网。很多张脸孔密布其中
时间使神经抽搐,那些红色的字密密麻麻
站台上的天空显出它的蓝色静脉
黑色的丛林一闪而过
触动乘客麻木神经的是被无穷鞭打的孤独
和浸入苍茫原野的蓝色海洋

位置(外一首)

南　山

房间里的东西保持原有的位置
桌子在窗前,记录白纸的边缘
极其虚弱的文字,书散落在床上
已经开始切割我体温的血栓
左边的衣橱里,四肢展示它物质的一面
揉皱、起毛和生茧的衣物
无法阻止墙上庞德的肖像,他在哭泣
看他的眼睛,所有的在场之物
我都熟悉到精确,我闭上眼
能一一摸清它们清晰的面孔
倾听到它们敏锐的低音,还有生活的无能
时间久了,我也拥有这种僵死的姿态
学习还原事物的位置,令人清醒
熟悉之物把我变成了瞎子——
我唯一的光明是眼泪、是闭上眼
就能清晰地知道这一切

面　孔

我的面孔同样适用于花朵、星辰和河流
但我不能怜悯什么,过去的面孔
漂浮在水面上,那是父辈留下来的——
它们的眼睛里有一个钟摆
带着发黑的指针,在发音之前

轻轻地将你的面孔覆盖……
不要打捞那些面孔
它们漆黑一团，有的薄如瓦片
有的松动、枯竭，散发着腐味
那些微笑的面孔，愤怒的面孔
千疮百孔，随时都会洞穿一切
在水冲刷的轮廓中，一部分面孔下沉
一部分彻底消逝，这么多听天由命的样子
卡在时间的隧道里——
溺在自己“救命”的声音里
慢慢地，我的面孔不在适用于
任何事物的形象，它椭圆、毫无用处
但独一无二，总有孩子捞起我的面孔
把它当成面具，戴在脸上
他们变成了我，并看见了我的世界……

梦

柴什峰

秋风掠过北方的平原
祖先的坟茔上几经衰朽的蒿草
不知被傍晚的归鸦衔到哪儿筑了巢
疲倦的乌鸦
在冷月的枝丫上瑟瑟发抖
舔噬着零乱的羽毛
村庄该是睡着了吧
流浪艺人袅袅的笛声闯入孩子们神秘的幻梦
让母亲的催眠曲镀上金黄的镏锡
半夜里的呼声夹着早到的冬雪
雪花片片拉长了夜的时空
天亮了
裹银的大地微微地显露出数行脚印
从村子的一端延伸到村子的尽头
早起的老妇人燃起了的炊烟
绵延悠长
唆醒了整个村庄
妇女们都起了床
于是家家的烟囱里都冒起了白烟
把天与地连成了一条线
招引着阳光对大地的亲吻
然而没人关注昨晚的笛声
也许人们都以为它只是一个梦

一直朦胧

万玉龙

当寒风竖起我的衣襟
无数呼唤夹杂其中,弱弱
静谧的月儿藏在云后
看不真切

当寒风竖起我的衣襟
突然想写首诗让自己朦胧
让忙碌却步
伴着闲闲的长椅,闲闲的路灯
朦胧那风中摇曳的枯枝
冰冷清潭的涟漪
飘落有情的黄叶
润物无声的雨露
那刚刚萌芽的暗恋的种子
那已然破碎的青春的幻想

一直朦胧
在林间徘徊
看着那因寒风左右摇摆的小草
跌入深秋
感叹生命无常
不如朦胧

大千世界

无数的人想要清楚自己
总是在无尽的黑暗中
企盼黎明的到来
不曾想
等来的只是
默默地泪收眼底
一直朦胧

写首诗让自己朦胧
在未知的世界里
不抱幻想
也不放弃

南　风

胡家亮

南风
又一次吹起
风声幽咽
多么优美的旋律

南风
又回到故乡
轻轻吹拂
儿时曾站立的墙头

南风
吹过奶奶的额头
此刻
她正站在田间
时光流逝如此安静

南风
伴着父母的鼾声
在这样的夜
轻轻吹着
抚摸他们疲惫的双手

南风
你有没有爱人？

为何你去过一个又一个地方
却从不曾停留？

南风
如果你能够
请继续吹
请为每一个你轻轻吹拂的
带去我的祝福

冬天写诗

方　虹

冬天写诗
写一首关于雪花的诗
雪花在诗中化了
每一寸土地都产生了诗的灵心
诗人的手指
画一幅冬天的图画
画孩子们的红帽
和呼出的白漫漫的雾
风是粗心的
许多人因此而感冒
绕着湖走走吧
或者到邮局买一个信封
粉红色的信封上
有不怕冬天的雁
写吧
写下皑皑白雪般的思念
写下千回百转的风情

十月(组诗)

孔令成

一

青石凿成的马
在万家团圆之夜
撒蹄
奔向无人仰望的冰镜
捧一千座破碎的岛
只想种下一株红豆
从长江到黄海

二

突如其来的巨响
撕碎我的十月
昨夜
我来迟了

十月
我等得太久
我等到未来的风
为我传来
几声婴儿的哭啼

十月

从长江到黄海
拍打着一只无帆的船
黑天使横卧船仓

十月的夜里，海风托起
脱落的
黑色羽毛
我来迟了
伴着黑天使的吟唱

爱　情

李明真

你说你看透了爱情
不是风里月里的拥抱
仅是赤裸裸的两朵真心

你说你明白了
这原不算是错误
只是年轻的一个过度

而千转百转之后，你终于
终于又渐迷惘
（“为什么啊”）
为什么能解的，是醉酒
不能解的，是爱情

故事四章

李明真

起　因

一切源于你疯狂拒绝
我向你宣告
于是
我把蔷薇的心事译成
天边的符号
藏在所有陌生人的心里

真　相

因为我知道
不是全部的真相
都适合浮于水面
就好像
有些植物不能接受阳光
只在黑暗中蜷缩生长

谎　言

不能因为四起的谣言
而放弃一份
刻骨铭心的爱
只是在愚昧的讨伐里

仅剩下温柔的谎言
在酒杯中荒芜，盛开

结　局

烟火总如思念般
华丽绽放
又寂然凋零
唯当流星陨落
才能在月亮怀里安眠

冷　清　秋

皇沁函

夜无情的将白昼撕毁
遒劲的寒风吞噬了巷子中的最后一丝暖气
我穿着枫红的风衣
走在秋的身后,拾起一片墙角半红的枫叶
将它举高,举高
让秋月的寒光冻结叶所有的记忆
但透过叶的缝隙
我看到了你纯真,烂漫的笑脸,溶蚀了我羁旅冷冻的心
温暖了寒冷凄清的秋
你那纯真,烂漫的笑脸
就像这黑巷中一盏突明的灯
消弱了寒月的凉气
溶蚀了冰冻的记忆
叶的枝干开始变得饱满,有了一丝生气
我紧随秋的脚步
突然在光下看到走在冬后的你
我试图叫唤你的名字
可我的声音始终还是输给了咆哮的寒风
灯灭了,你走了
黑暗又包围了巷子
我合了风衣紧随着秋的脚步也走了
可此时我的心已不再冰凉
因为我知道冬将至
你我的距离已不再遥远

用一首诗的时间忘记

菅小菲

原谅我是个世俗的人
也那样用时间衡量你的赤诚
当桃金娘又零落了一片叶子
我想趁这夜
起身

曾整夜整夜地就那样扑萤
任研过的墨又风干
残简依然无法句点
夜空却添了新月西斜
我望着满屋子的画卷
所有的江山都诉说着你的王国和士兵
你那常坐的地方
已落了尘

或许一早就会有銮铃响起
可我只想学你写诗
用一首诗的时间忘记

寻　找

贺明炯

新晨是
昨夜旧续的轨道
不愿落入陈旧的窠巢
我向黄昏走去

夕阳中的湖水
染上了层层的红晕
你在湖畔轻吟
细柳上的黄鹂迟迟不肯离去
一潭的碧水泛起了微澜涟漪
你的美丽是薄雾中的花儿
如此迷离

相见却又分别在即
那隐忍的话语何时才能诉尽
相会的日子谁也无法约定
道别的路上呀
我深深地望着你
回忆着你我的相遇
你是你
我已不是我

露水早已沾湿了衣发
我却不能自拔

赤脚行走在阡陌上的城堡
循着花开的味道
停止一切思考
听着无名的祈祷

月光是一泓清澈的泉
在云中倾泻
流星划过天边
我顾望着你的眼
细数天上游动的鱼
这一切是多么美妙
但我只能稍作停息
还要到远方的森林
寻找我归属的土地

深浅的脚印
是空气中的光和影
一路伸向森林
夜莺也不知我的来临
雾气踏着溪流的歌声开始氤氲
沉睡的人儿呀
我怎么忍心惊醒你美丽的梦境
没有梦的日子是多么凄迷
我的追寻
有谁会在意
这条路上
注定是要独行

晨晓的鸡鸣不已
梦就要醒
身体开始燃烧

我不是浴火的凤凰
是炙热的岩浆
停下就是死亡
初升的太阳已经开始发亮
世界上怎么会有两种同样刺眼的光芒

我走向更远的远方
野蔷薇为我怒放
荆棘鸟随我歌唱
黑与白的世界
我看到的是我的影子
当我走向坟墓睡去时
一切归于静谧
绿柳荫里
你已不是你
我还是我

当我孤独时，我喜欢诗

何庆芳

累也是累，困也是累
秋天对一个人来说也不过是一片红透的叶
蜷缩成一只猫，在清冷的街道沉睡
绿眼睛是一汪浅浅的水
走着走着，遇到的都是经年的脸

茶是品味，孤独是杯水
墨绿的苦涩大都好于清寡的无色液
香樟林醒了，沐着晨光
味道是那颗偷吃的糖
走着走着，树上的叶子开始泛黄

我没有一座叫做孤独的花园
没有树的园子就像干枯的原野般空旷
我只有一首零碎的诗
断断续续的文字展开都是片刻欢愉
想着念着，脚步没了声响

当我孤独时，我喜欢诗

收集(外二首)

朱　超

背着母亲缝制的棉布口袋
我去收集关于月亮的比喻
一个比喻换一枚小钱
即使碰到坏运气,也会有一碗水
我敲开每一家人的门
像房东收房租那样
索要平常的、闪亮的比喻
但夜晚多么短暂
白天的大部分时间
我藏在冬青花坛里沉睡
在被绑紧的口袋里
那些会飞的比喻乱跳乱撞
他们总是无休止地争吵
谁是最像月亮的那一个
我只有向口袋上踹一脚
他们安静片刻,又继续争吵
当我从黄昏中醒来
新的收集又要开始
新的比喻,新的血液
又将在夜晚的海水里涌动

急流之上

在急流之上

我与浪花有同样的高度
太阳和乌云交替的日子
做一名旋转的囚徒
为所有的事物歌唱
同它们一起跳舞
灯在这里不会熄灭
它是河流的心脏映照两岸
并让鱼群靠拢
看清彼此的身体与脸庞
我住在急流之上
风把泥土中的树叶吹来
而我将它洗干净
桌子将不再有灰尘
零乱的物品回到各自的位置
我闻见空气是一条湿透的棉布
厚厚地铺满整个世界
我愿意被它裹挟
但不要将我带走
如果我溺死
我的灵魂不需要打捞
我是急流的一部分
一阵漩涡、一朵飞逝的泡沫
都把我包含在内

墙　　壁

夜晚的墙壁发出声响
仿佛一柄拐杖
敲碎白天的沉默
仿佛它刚刚醒来
它说话

但没有对话者
它讲白天的梦
但别人正拥有梦

就像生者和死者之间
他们用记忆交谈
用纸上燃烧的字体
呼唤啼哭的乳名
兰草也在寻找
一张嘴巴、一只耳朵
一颗有引线的心
它的叶子更加弯曲
它的根茎努力舒展
它靠近了墙壁

指甲上的小月亮

黄亚军

月亮，倒映在井里
白色的、一大片羊毛
我能闻到山楂树的香气
匀有淡粉色的胭脂

原本十只月亮
只剩下八只
另外两个，躲藏在血液里
我一如牧羊人
躺在草地上
任阳光把我灼伤

草原、金盏花、蔚蓝色的星星
潮湿的海水、绵润的土地
它们成了白色的鸽子
被遗落在土地上，生根发芽
从来没有如此旺盛的生命
在指尖延长

这是八个玲珑的图腾
追随历史，不断流传
黎明前抡起鼓槌
黄旗招展，青铜饕餮
手掌，是绵延不断的山
在月亮阴晴圆缺中变换

我　的　猫

吴宗仁

我住在浮屠塔的第七层
奶奶说猫有九条命
那么,它应该住在我楼上的楼上

我的猫通体雪白
只是眉间有痣
他们都说是不祥的兆
要我扔掉
我看着我的猫含泪的眼
心一软,将它收留

我住在浮屠塔的第七层
我的猫有时候下来看看
用其干净的毛发
磨蹭我的手臂
用软热的舌头
舔我的脸颊

我的猫被奶奶扔掉
我大哭了一夜
可是,第二天
它又回来了
毛发已无光泽
我洗它在澡室里

它扑腾扑腾闹个不停

我住在浮屠塔的第七层
我的猫在第九层
我们常在一起吃饭
聊天,谈人生理想

我的猫死在后院的小屋
在暴风雨的夜里
被一块厚重的铁板
轧成两半
我被它吓个半死
从浮屠塔上跌下
落在了底层

我的猫还在八层
可它已不常下来
有时候呜呜几声
像冬日晾衣架上的风
会唱歌的样子
有时候回头看我
幽森森地教我害怕

破坏的欲望(给金克斯)

王雅婷

不知怎地
我走在路上
水泥地平坦的脸
老实木讷
让人生厌

我怎会走在路上
我应该跳跃在云上
或者
屋顶间

大力踏碎
石头一样硬的乌云
大笑,挥舞耀眼的探照灯,刺瞎
只知沉睡的人的眼
反正,只知沉睡
不如去瞎

用穿满柳钉的黑色皮靴
踹向
一头头温顺的玻璃
让它们变成张牙舞爪的星星
子弹一样划过凝固的晚雾
慢动作像手术刀

刺啦一声划过尸体

这城市乏味干净,让人作呕
给我破坏的欲望
像枪炮,像烈火

什么棱角分明的大厦
什么整齐划一的和善
枪炮一边嚼着火焰,一边演奏震耳的交响曲
然后把猩红的唾沫吐到
卫道士脸上
我要用一场盛世的烟花
飙出对全世界的嘲讽

春

徐　可

风回来了
倒吸一口凉气
所有树叶都在涌动
像是愤怒
又像在瑟瑟发抖

因它而绿
恩人
为何不与恩人共舞
为何不谱一曲赞歌
好让诗人陶醉

公主呢
我美丽的公主
风在惊呼

那一天
那一刻
一抹娇羞的红晕印染了全身
风怒
树也怒
它们双目对峙
以身相抗
忽然

风抽身而去
极快
轻飘飘

白云换个姿势继续打盹

叶子陡然失去灵魂
仿佛梦游者猛地醒来
低垂下来
沉默
没有人敢责怪春天

枝头空颤
红樱桃何必生于此
长在人们嘴边吧

诗酒年华

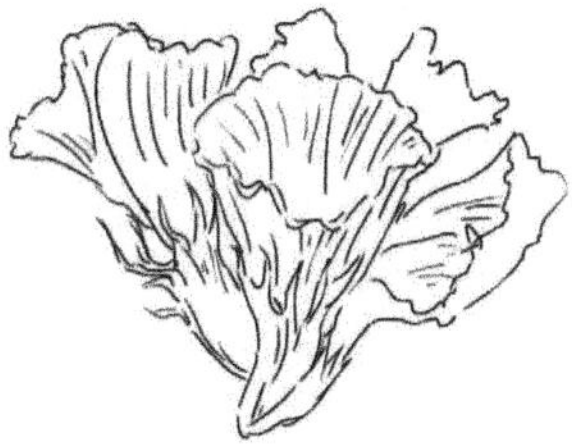

天　　空

卢文韬

呼唤　呼唤
十月

平静的黄金流动
流动下
是踊跃的月光
来自天空的月光
撑我头颅的月光

天空高远辽阔
溪流清澈见底
如果我是一亩花田
所有的野花都将寓意着美好
麋鹿临于花田
抖落一地花香
天空不远
脚足魅惑
我的头颅燃烧
麋鹿轻嗅
这无际的花田
月光笼罩
我的头颅燃烧

向上
向天空
天空，不远

村　　庄

卢文韬

长叹　长叹
盈满悲欢却又两手空空的村庄
埋遍骸骨却又展现生命的村庄
我种下树
种下情欲
种下自己的
生死伤劳
不为四时掩盖
我收获村庄
收获情欲
收获满手的稻穗

村庄只属于远方
只属于纯洁的草原
在冬日包裹下
一丝不挂地
走向衰老
我在荆棘泥淖中
满生欢喜

月亮的心脏

卢文韬

呓语 呓语
当黑夜
平铺到海的另一边
吞没得
只剩一排幽深的树林
月亮从树林中升起
我们将她的裙裾
唤作麦浪
将她的心脏
唤作希望
月光暖了两个世界
从昨天到明天
每个人的屋顶都在发光
每个人的脚步
都在温暖的夜里放慢

人们艰难地祈祷
在海的另一边
肯定有一颗
月亮的心脏
早在诞生之前
大海的破碎声
充斥崖缝,深入地底
喧嚣却又悄无声息

哦！所有飞往大海的遗鸟
月光轻抚
这暴怒的君王在脚下臣服
那排幽深的树林
在一眼间消失

人们坚定地祈祷
肯定有一颗月亮的心脏
就在海的那一边

生锈的墙

卢文韬

唏嘘 唏嘘
大海昏沉
嗅着船锚在怀里生着锈
故土远航
我们用沉默砌起一堵石墙
任海风
在没有四季更替的年月里侵蚀

海鸥
有十只海鸥
远离人居住的村庄
只在暴风雨的夜里飞翔
羽毛放肆地结着盐
大海里的盐
用头
用稚嫩的头
在墙上染红诗歌
沉闷厚重
那是苍白的笔
无法承载的诗歌
千万人都将从我
与诗歌身上踏过
去推倒那面险峻石滩上的墙
村庄外的墙

面向大海的墙
大海昏沉
海风抚我
安慰一个失落的
老石匠

屋顶上的树

卢文韬

梦话 梦话
屋顶冒着风雨
在十九年前抢下
这棵树

请应允我站在这里
父亲
屋里并不孤单
背后有渔夫
也有农民
父亲
屋里并不拥挤
只剩我一人
还在说梦话

十九年前的树
停在风雨
不再生长
我向着未来死亡
路遥山远
不再回望
遗落的歌
会有人替我
拾起,重唱

父亲
我不再是那个屋顶
在没有长发的海滨
也不再成为你

背倚大海
我卸下
自然的荣光
十九年来的枝干

渡 我

孙 松

一

在古代就打开过的门
显然取不出什么新鲜玩意儿
你状如永恒的凝视夜空
看那些伤口逐渐愈合
一粒金子坠入河流
击碎了千年光影

千年前被驯服的血脉
总让人在呼吸作用中感叹
——在很多时候
结局是永无尽头的猎奇过程
我们曾勇敢如初次的爱情
我们曾一同赶往沙漠中的河流
而如今我们紧紧伏在地上
好聆听金币落地的声音
那因皇帝的愤怒而颤抖的
总是人
总是承自父辈的记忆跟血液
远去的是永无尽头的夜晚
远去的是一轮空白的月亮
远去的是金钱帝国的倒影
远去的是那些候鸟的谔曲

而正是这一切
让我们的旅途一路平安

二

你是地图以外的寻路者
是字典以外的姓名
你的词语哪儿去了?
你的笛声哪儿去了?
你心爱的那玩具
又最终到哪儿去了?
现在你会说:
既然你生而为人
就不要与地平线争论
就不要怀疑曾升起的太阳
它们往往沉重如锚
使我听见了水手们的耳语
“再没有五颗闪亮的惑星
为我们指明道路!”
但谁在追星逐月?
将军们白发如箭一般竖起
一个诗人紧跟其后
用笔狠狠地刺伤了他
死亡显然是一个意识性的行为
于是在他的微笑之中
流出了血
满街的血
满城的血
满世界的
血!

三

而我走过独木桥却
只听说了一半的预言
云和飞鸟和树木
勾连拉扯着一个平淡的季节
她说我们从未离开过
这里到处是破碎的河流
到处是打结的誓言——
它们总是逼近昨天
就像谎言总以一种奇妙的角度
来追求真理
时间的魔术师脱下帽子
一夜间我似乎骤然衰老
又一夜我回复年轻
毕竟如果瞬间存在的话
永恒也必然是存在着的
河总是在有岸的地方
岸总是在桥的另一端
我呆望着家乡圆圆的月亮
很久才想起
我爱过的姑娘已十八岁了

琥　　珀

阮德海

在琥珀里好多年
墨绿的松脂
为我们缝合了时间
剑齿虎舔过你的眼帘
锥叶蕨拂过我的双肩

从三叠纪到白垩纪
从宇宙洪荒到大陆炎炎
你笑一笑
流星也对我们眨眼

在琥珀里好多年
等待一个瞬间
相思也熬成香甜
奋不顾身也要
破开周身的装点
只为亲吻一次
你微笑的侧脸

我们在琥珀里好多年
可你从未转身
从三叠纪到白垩纪
从宇宙洪荒到大陆炎炎

自　　由
——读《悟空传》有感

吴宗仁

我是一只灵明石猴
居住在天地这浮华的空楼
他们说我有通天彻地之谋
他们说我不过是一只孤单的猴

我见过一个可叹的和尚
非抓住那骗局不放
八十一难去不到灵山
掀开的还是一片虚妄
我遇到一只可笑的猪
对着月亮默默地哭
怀抱那只小巧的兔
走向通往必败的路

我认识一个可悲的仙
流沙河底寂寞的帘
淘尽黄沙只为归天
挥手打碎又是千年
我又是谁人手上的提线木偶
结起那可叹可笑可悲的扣
扣的那头是女娲补天的手
这头我是一只孤单的猴

古　　村

张永满

墙角,被踏碎的旧瓦
苔痕爬尽了它的骨髓
这里,只有草垛每年都是新的
无声的火焰
今岁仍会吐出回环的烟圈

古井在时光中喷涌
一桶积起腐叶的水
照见了几千年里的纷纭过客
铁犁伏在田头,双腿陷入黄土之中
它无力去挖出
沉埋在记忆里的古老铜器
一个老汉,口含烟斗
对着河流开始了他的怀想
在向远方蔓延的绿色之上
一个牧童横骑黄牛
用短笛将岁月吹响

尘　土

张永满

穿越了一千多里的山川
长江只改变了河流的颜色
当思绪涌入江涛
江水正在倒流
我手中的旧皮球
穿过云层与星星
跌入古城中的幽深巷落

一个男孩,同它一起被人遗忘
惊恐地逃向黑夜

踢起一阵尘土
尘土,被玻璃瓶子轻轻装起
陈列在我的床头

此　　刻

张永满

此刻，风正从林间穿过
人声来自于远方灯火
而我的眼睛属于夜空

此刻，流星停驻在云端
我的耳朵贴近大地
它的呼吸悠长
此刻，灵魂越过危楼
站立在霓虹灯上
和它一起，与河流对望

此刻，我和大地上的其他事物
一起死去
只有芦花独自飘荡

意　　外

孙　松

我与下一棵树相隔半步
这本是揣测的收关之作
而那枯萎的密匙
却打不开你种下的重锁
航行的雪人漂泊
拖曳着七颗指路的星星

古堡旧墙的安魂曲
便无力地落满灰尘
淹没了当年的烟火
边境
想象之中
你的结局我的开始
是一场盛大的游行
剥露人性极北的荒凉海域
是的,此刻已是沉睡的星球
唯有你我得以清醒
如信徒般虔诚的
批下预见的暗语

献　　诗

——在三月读《雷锋的故事》

孙　松

饮下怀疑之毒
余下的仅是困惑
猴群不安
你眉间的骏马
追上了反复的对白
奖章们相拥在那里
和微笑保持对齐
我在梦中失眠
白日为每个新生的孩子
分配一片永恒的夜晚
纸飞机划过天空
老渔夫透明的眼睛
便是你无法缝合的海洋
那瘸脚的史书走入铜镜
脱下鞋子
倒出你无用的想象
教师们则锁住抽屉
晨昏线勾连出遗忘的门窗
一个老式英雄的死亡
刻入其中，反复雕琢
成为驱邪的招牌
而谁又能逃出东方的沉默

真相的死胡同里
少年扔掉粉笔推门而出
却又跌入群山的寂寞之中
于是你的影子一夜间长大成人

陨落的野兽
——给自己的诗

卢文韬

星火陨落之中的
因贪婪而灼伤的野兽
饥渴的兽爪在瘦削的土地上行走
徘徊于村庄之外
——是她那大门的庄严
将你抗拒?

那围绕着橄榄的美不曾见过你
而当我望向那伊甸园
所有的人
在午时的汗水中祈祷
汗水中歌颂
你的沉默
你的无畏
你游走于田野边缘时
尖角勾起的黄昏流云
黑夜前的最后一首诗歌
然而只有来自深井的民歌
将你唱透

只有被扯碎的黄昏知道
野兽背对着地平线

只有深夜里
在村庄外放歌的流浪汉知道
只有离家出走
倒在田埂旁的诗人知道

野兽只是因为饥饿
你只是因为饥饿
正如我的诗歌所吟唱

银　杏　树

卢文韬

把脸贴近你的躯干
静静地,听着水的声音
听着灵魂触动浑浊的河流
听着初啼的雀莺啄着空水瓶

水,和她苍老的外衣
是树下撑手才能望见的雨季
在秋天里默默孕育——
像母亲沁凉的双手
爱抚着我发烫的头颅

银杏树
我爱着的,美丽的银杏树啊
像稻穗爱着每一把收割她的镰刀
——我爱着,这美丽的银杏树

盲 诗 人

卢文韬

被流浪放逐在村庄边缘
天际野鸽的尾巴
迷了麦香的踪迹
一片羽毛触地——
盲诗人
爱上院门轻掩的农家女儿
像爱上一个雨季
像爱上必将衰老的阳光

终有一日我将长眠不醒
被秋天放逐在你脚下
银杏树啊,美丽的银杏树
我要吻着落叶的飘零
像吻着一个雨季
像吻着那,必将衰老的阳光

海　　上

席锦娜

大海
她沉睡着她的沉睡
风儿低回
月光，撩过云尖与船尾

她低吟又浅叹，浅叹
是细语绵缠
拥抱着潮水
还有，那船

我看得见你来了又去了
带着那母亲的味道
安详宁静
弥散在大海的夜里
还有母亲，母亲的呼唤
她说去吧，去吧
向远处航行吧
一直到那可以休憩的地方

我不要听那些哀愁
那些幽蓝色的哀愁
沉默，沉默的海啊
呼唤我们
回来，回来下面的世界

我们要沉睡
在大海里沉睡
像他的船
美丽沉寂
永远
在大海里

柳　瀑

卢文韬

我肯定在哪见过这柳瀑
是在河流的源头

静默的鸟鸣在跳跃
粗糙的油画上
我看到死神温柔的双眼
当疲倦与平淡挽手
多少的波澜,坎坷的河岸
都隐在朦胧的、错杂的绿色中

高出平整的路面
把身躯放在白桥上
久久伫立
对于那远逝的河水
我们只不过
是柳瀑上
惨绿的一笔

雪

张永满

没有一条道路通向你
没有一条河流与你同行
那令人失落的寒风
来自你的故乡

面对庞大的地图
我的目光
迷失于你的故土
手指轻点
白色的世界便纷纷下坠

无须用死来领悟生
因为你从未挥手告别
你只是选择了在云端
依风而睡

数着云朵的女孩
仰起头颅
你看见
两颗孤独的眼睛
两面黑色的湖沼
于是，你决定在节日降临

生活在大地之上的我们

总是一面获取，一面放弃
而没有意义
便是你真正的意义
你在意义的反面飘落

在等待中
语言将眼前的玻璃击碎
梦境正向我靠近

故　乡

朱　晗

光阴荒芜
像一座静默的小村
乏味是流水声
细碎的愉悦
像栀子花香的远淡

往事落了下来
冬日里的雪降临
脸颊、肩头、手心里
都是清欢
雾弥漫的时候
清冷的月光落在眼里
那一瞬间的清明和光亮

没有山水,我却仍在冬季跋涉
还好,在冷到难以呼吸的空气中
有一树梅花的温暖

记得少年时

阮德海

摇摇晃晃,越几座村庄
过几座桥
望船头的姑娘,也红过脸颊
阿大在河边叫嚷,鸭子要撵回窝
天边的云翻卷着像要落雨

竹篙子插进水藻,涟漪一圈一圈
大沟通向看不见的远方

阿公坐在门口抽着大烟
时而呛得咳嗽
屋内爬满了青苔
往阿公脸上蔓延
我在门口逗大黄玩儿
梧桐往天上长
遮住了夜晚的星星
吹着凉快的风
我想起昨晚的萤火虫

阿大撵鸭回来
火烧云把天边涂了个满,呵

奶奶喊我收楼顶的稻子
我顾着喂刚抓的小鸟

夜光竟把稻子铺得透湿
奶奶拿着扫把
把我从村头追到村尾

小屋里的炉火
摸着我红彤彤的屁股
一闪一闪的烟，慢慢地飘散

师大的草

陈一鸣

草自千分,子传万代
四处可见,四时不缺,极寻常物
观草生,生死一隅、枯离一载
阅草性,性本多生、根心难猜

我见过城心的孤草
独徊于砖头瓦缝、烟霾尘潮
傲视此繁芜世事、殊别境遭
灰头伸长或是弱根下溯
不触天地
有的是生不易之累、死无继之殇

我闻听乡间的野草
霸占了田间回塘,毅毅不倒
灰绿棕红,诗人独厚其操
同生异命,农人长伐其道
赤子天淳,足踏其腰
生虽离离,身后火烧

我未访塞外的狂草
莽莽于北风行处,胡笛声侧
笳声里掩牛羊,血阳外归边客
不为风驯,狂被风折

我却深知师大的草
极寻常物
它没见过车水马龙
没闻过村鼓野钟
更没尝过边风激洪
它只见过一种面孔
它们千篇一律,并不出奇
它总听见一种声音
它们工谨不紊,寒暑朝夕
它只学会一种文字
它们妇孺皆知,举世不稀

师大的草,乐孤
那面孔
鲜妍、朝气、富足
乐我所至,承孤探途

师大的草,矜野
那声音
庄严、洪大、无邪
矜自向朴,野思趋和

师大的草,疏狂
那文字
清欲、厚重、深义
疏于冗念,狂在长继

这草,有两种
一种遍地铺去,你我脚下
你总是路过,何曾细瞧
另一种一拨一丛,你我心上

脚下的
你任意踏去,它竟不灭
心上的
你疏懒一日,便也枯焦
心草不芜
则见草色如飞,山远路迢

师大的草
原极寻常物

空　白

卢文韬

在字行间，它们如同一只只猫蜷缩着
将目光固定在你的来去
之外，对着同样沉默的夜色
在花的背面，在汇聚阳光的海面下
在最先触碰到风的树梢上
一个向外延展的窗台
它们低低地徘徊、打滚
梳理着须毛 用尾巴保持平衡

一种淬火后沉淀的痛感
如溪畔浅水滩那清凉的鹅卵石
被散乱地摆放，而有序的脉络——
甘冽的溪水未及你的乳房
只有那一部分
那被空气熏暖的部分
承受了目光的投影
逃学戏水的孩童
他们的脚底还很稚嫩
还不会用迷雾下酒
缓缓灼烧自己的视野

沿岸的梅花脚印
隐没在跋涉的源头
捡起一片片指路的落叶

走过没有纬度的小径
它们低低地徘徊、打滚
梳理着须毛
用尾巴保持平衡
直到双翼
蒙上思想的薄雾
风声一阵
刮过那个窗台

春

朱　晗

细雨为窗景描了淡妆
一片树是一片葱茏的云烟
一树梨白是一片寥落的湿意
两旁的花在风里回眸、舒展
阳光正好的时候
绿野里的鸟群一边离开
一边眷恋
荆棘也捧出了珍珠似的花盏
隐藏的植物送来风的香

制　造

张永满

一首诗两首诗
白纸黑字自古如此
自古如淘金者之双眼
黑白分明

双眼双眼早已干涸
挤不出一滴泪水
左手绝句右手商籁
在字与字之间
发现金色之魅影
将心跳留给青春年代
青春在纸上行走
红色绿色紫色
目光穿过故事中的颜色
火花点燃眼前雨雾

飞鸟振翅制造黑白
黑白字符在故事之外

无人回信

阮德海

在没人写信的年代，我买来一堆信封
在洁白的稿纸上，端庄地写些问候

还有一些邮票，边角已然曲卷
我将他们抚平，小心地贴在信封

认识的人不多，信只静静地放着
灰尘厚了，就用手帕擦拭，细细地
像照顾自己的孩子

后来，我在门前栽了一棵杏树
将信全挂在树上
路过的乡亲，会好奇地看看
有时取走几片
我便能笑一晚上

杏树越长越高
挂着的信封，已无人够着
我开始重新写信
写满梦想和情话
在无人问津的
塔顶，悄然放下

我放在高高的寺塔

放在漂泊的渔船
放在静穆的山林
放在幽深的古堡

书桌上的信封,愈来愈少
终于有一天,邮票也贴完了
我才猛然发现
无人回信

六月挽歌

——哀悼屈原

卢文韬

荒野破碎如你的脸庞
河川屏息，远山沉默
在江水与高楼的隐喻间
我们苦苦寻找着父亲的果园

暮色四平
一只火红的狐狸窜过凄清的小径
我坐在书堆间的哀叹声中
看到大火从汨罗江上涌来
可是支流已经冻结，
车道几无人迹——
谁都承认历史的冰冷阴暗

我该去哪里寻你，屈原
在哀悼的文辞中？
在腻情的赞美诗里？
当诗会的光影流转得如幻似梦
当门外的流浪汉
已经适应了严酷的冬季
当枝丫上怒放的红花
已成贵妇人的玩物
我该去哪里寻你，屈原

汨罗会在哪次暴雨中决堤
那时你又要向何处求死
沉入那寂静的江底，
是不是官吏就无法干预
坡上的野花
黎明来临之前它们兴奋地颤栗——
那隐藏于符号后大火的狰狞

江水呵，请再次接待这位贵宾
让他再次安寝吧
诗歌之杯早已倾倒
我们却执意淌过长河
伪装成水鸟的姿态将他唤醒
干旱将残存的果园与天空隔开
深处的砾石滩
新的泉水能否冒出她的笑声
在时间阴暗的牢笼里
教会我们如何拂去冰棱

按：结尾化用维斯坦·休·奥登《悼念叶芝》一诗中“在他的岁月的监狱里，教给自由人如何赞誉”一句。

我思念的你，如果也能把我思念
——写给异地恋

要欣委

对你的思念与花倾吐
花自沉醉于它的朝露
相隔你我的山水
在黯黯星群中不沉不浮
太阳分割不了明暗
心流浪在长夜漫漫

但是，我思念的你
如果也能把我思念
我是说
我仿佛能体会这种感觉

我歌的尾音有你微微一笑
我愁的烦忧你在轻轻点头
我的灵魂欢欣鼓舞
我的内心是滚开的泉流
如果一切是梦
我愿长夜永驻
黑夜，吞噬我的黑夜
也让我永伴风月

车

——赠刘思佳

卢文韬

在阳光灼热的正脸前
将拖行的影子越压越重

胶软的马路
平整胜过瘫痪的沼泽地
对付它们,轴心不必出场
圆滑的轮胎经验娴熟

甚至连是否生锈都无须担心
减速带在去往加油站的路上潜伏

肯定在哪里见过这些车子——
从高处俯瞰,像一只只干瘪的虫子

为你写诗

江　舟

坐在江畔上乘凉
仰望眼前的浮图
石碑上的雕文呵
我来为你写诗

你背靠着这片古城
经历着风霜的洗礼
几十辈沉浮如一日
俯瞰人世沧海桑田
黎明是你不变的展望
月夜是你孤独的记忆
你就这么静静地站着
低声吟咏水木柴小曲

船桨划出波的年轮
车辆运送路的生命
岁月作风的摆渡人
跨过柳树边的长河

杨岭诗五首

杨　岭

老　　者

我打路边走过
一段朽木拦住去路
抬脚踢起
痛苦的呻吟响起
它也曾青春过

时光斑驳了青春的光鲜
岁月榨干了蓬勃的血液
时间耗尽了内心的奔马

我打路边走过
一个老人挡住了我
黏滞而含混的声音响起
从皱缩的嘴里吐送烟波
焦黄而残缺的牙齿中
挤出残疾的音节
门齿空洞的间隙里
我看见
黑洞的魅影

我想起年少时
桃树下捡起的

那枚桃核
皱缩的外皮上
刻录着生命的密码
旋转的宇宙藏于其中

（写于2015年6月15日）

我忧

文学王冠的明珠
蒙上尘土
已不再璀璨

天国的语言
沟通的桥梁
被利斧砍断

蒙昧的眼睛里
泛着空洞
透露着无知
那是野蛮的源地
文明侵略者的家园

文明的火种
在这块大地上
周期性衰减

文化的传播者
低三下四地乞求
将自己的细胞重组
只为换得一点

可怜的尊重

当明月再度升起
银色荡涤残存
无知与不朽
开始与死亡相关联

（写于2015年7月17日）

人

从遥远的年代里
踏浪走来
蜕下沉重的伪装
闪耀着土黄
一位老者
告诉我
那是人！

我不相信！
因为
每当
黑夜升起，那一刻
我总是会看见
异族泛绿的目光

月光溜进了
我的窗子
灼伤了我的皮肤
我用手去拍打
不幸的是

拂去了
灵魂的温度

（写于2015年7月12日）

逃　离

我害怕明天
月光灼伤了我的眼
时钟沉入了大海
指针被寒冷封冻
孤独是一座花园
把我锁在里面
看不见明天

黎明时
红日升起
猥琐在阳光下繁衍
阳光驱逐
正义逃遁
我害怕白天
阳光灼伤了我的眼
孤独是一座花园
锁在里面三百年

（写于2015年7月15日）

书　感

橘黄色的落日余晖
给幻想镀上一层怀旧色彩
如果生命是一个循环的过程

那么一切丑恶都变得合情合理
小王子的玫瑰
盛开在寂寥的雪原之上

生命如一张草图
不经许规划与涂改
偶然的命运之鸟
于无声处落肩头
赫拉克勒斯之帚
扫不清巴门尼德的
轻与重

思想的墓地里
狼花与杂草丛生
每个角落都潜藏致命诱惑
所有的不朽
都是死亡的陪葬品
所有的无知
都是自酿的毒酒
局里与局外
都受既定命运的摆布

（写于2015年7月23日）

佳节诗会

除　　夕

姜慧君

城市用夜色狂欢
用下水道爆破
炸开雪堆和礼花
渐染每个橱窗
透析新的混沌和霓虹
疯人院旁住着天使
笑得烛火
颤着颤着就亮了
窗帘非要是红色吗
草全是蔫黄的
可全世界都红了
看我用小羊角辫作引
点燃盖着全世界的
那张红色幕布
挣开玻璃
没带帽子的你在
窗外冒着芽尖
是唯一绿色的例外

《端阳》诗三首

周欣怡

一

可怜劳岁旧端阳，众说由头语未详。
江南逢节悬菖蒲，又闻家家燃艾香。
倚门女儿妍尽态，五绳绕腕贴药囊。
最喜青苇鲜角粽，愿把他乡作故乡。

二

尽情红莲堪败落，龙舟拨水戏端阳。
嬉嬉小儿约斗草，今朝不见斗草郎。
人境喧嚣易童趣，哪有心远结庐房？
问尔佳节知何意？也无诗情也无伤。

三

桌前小憩酣浮生，斜日迟迟梦不平。
中夏初露嫌春短，佳节尚早懒起身。
羲和着鞭催白马，少年不识屈子心。
经年愈长稍开智，一片碧血载清明。

诗人与少年

王 澎

诗人醉了
在梦里疯狂地歌唱
唱着无人知道的诗篇
让桂棹和美人成了常客
诗人醒了
看着亲切的山河
不！这不是梦里！
诗人手里没有打鬼的戈
诗人驾着马车
想要登上王城再看一眼
没想到车轴断了
诗人重重地摔下
诗人病了
可是诗人还在唱歌
终于，诗人死了
城也破了

他呵！
把白绢的衣冠给了故国
把坚硬的筋骨给了故国
把浑浊的泪和酒也给了故国
最后啊
他还送上了他的残破的马车
多少年后

少年沿着河流奔跑
他是听着诗人的故事来的
他是唱着诗人的离歌来的
他是剪断了手上的五彩绳来的
其实,他是划着长舟来的
这一切都不重要
诗人呵！你在哪里?
你可知道有一个少年
他不想再听你的故事
也不想再划着长舟戏水
于是,少年奔跑着
少年寻找着
也许,又是多少个年头以后
也许就在明天的清晨
少年回来了
驾着自己心爱的马车

端午情思

张亭亭

回到吃粽子的家里
回到挂菖蒲的门前,回到飘满艾香的城市与乡村
端午节,中国老百姓自发的一个节日
几千年的存在,应该比什么都重要都深刻
一个伟大的身影,一个伟大的主题
虎符缠臂
端午门前艾蒲青翠
天淡纸鸢舞粽叶香飘十里
对酒携樽俎
龙舟争渡,助威呐喊
凭吊祭江诵君赋

端　　午

阮德海

小麦刚刚归仓
端午就来了

记忆里的端午
是门前的钟馗像
怒目圆睁的鬼脸
常常被撕掉一角
艾叶菖蒲挂满了墙壁
绿豆糕的香甜弥漫整条街巷
孩子们咿咿呀呀
从村头跑到村尾
讲述着白蛇的故事

家住江南一隅
江流转到门前的时候
龙舟就来了
几十位威武的力士
划着整齐的姿势
催促着长舟的前行
似银河中急坠的星带
往来奔赴

再唱一首屈子的离骚
端午就渐渐过了

也许没什么不同
但似乎楚辞
已消失多年

端 午 作

杨添敔

少年游。十分薄酒,一分歌,沉醉酬佳节。
满江红。粼粼波上,百舟争渡。
渔家傲。五色新丝缠角粽,金盘送。
定风波。堪笑楚江空渺渺,几人湮没几垂名。
临江仙。自读《离骚》清樽共,志洁行廉向天中。

西江月(并序)

张丽娟

小序:余行湖畔,看柳腰随风展,仿佛春未逝,眼前还着渔人垂钓之景。然回眸,夕阳已投至石巷多时,悠悠然不免生感伤。昔时香草皋兰滋百亩,骚客屈子于汨罗之岸,苦有忧国忧民之心无用地,无奈唱一曲临绝之音《惜往日》,投江别人世。后人设此日曰:端午。每五月至,迎端午、念屈子,多有习俗祭其情怀。今端午将至,略有感慨,作词以表怀念。

垂钓渔歌倒柳,夕阳入巷多时。芳芷汀兰遇清姿,骚客笔惜往日。
魂魄流兮人逝,肝胆忠义世知。龙舟竞渡赋屈辞,仲夏浴兰自律。

母 亲 影
——记端午

方志佩

薄雾刚刚升起的晨曦
我在梦里
母亲，你却在雾里

河边芦苇茁壮地挺立
父亲还在远方
母亲，你却在苇荡里

糯米被反复清洗
苇叶被冲刷干净
红枣藏进糯米里
母亲，你开始简单而柔情的工艺

夜里的锅炉满是热气
粽子鸭蛋开心地跳进锅里
柴枝燃烧的火焰
映出你温柔的容颜
母亲，你的脚步从未停息
屈子，投进他的江里
而我，要永远躺在你怀里

端午诗四首

邹　勇

思　屈　原

一代倾城随浪花，
楚宫空自忆辞家。
纵使明珠同瓦砾，
肠断汨罗声不断。

凹凸馆下吟重午

执扇游重午，蓄兰为沐浴。
匝地锣鼓繁，兽角凌处舞。
船头萦彩鸳，素舷凝双凤。
良夜俱起轩，香新荣角黍。
门前诵君赋，几处狂飞酒。
分艾嘲绿媛，争蒿笑黄发。
中庭茂金萱，阶前盛菖蒲。
流光泻觥筹，笑谈盈院宇。
华彩镀乾坤，庭烟接宾主。
吟诗续仲昆，构思时倚栏。
莹窗灯已昏，拟句或出门。
酒尽诗不尽，诗尽情犹在。
五更乐已远，渐觉语笑寂。
醉眼认朦胧，以手推松去。
伴月入曲径，银蟾气吞吐。

欲向广寒奔，又恐幽枝冷。
露浓苔更深，缘熟笑忘径。
艾香沁可嚼，翠竹亦堪调。
鸡鸣休云倦，乐随众人言。
欲志重午乐，烹茶更细论。

访 端 午

闲趁晚晴试双游，几处浅淡几处深。
隔岸柳分三蒿翠，雄黄香中枕臂吟。
风清冷沾花径露，片言共谈我知音。
瓶中供得晚来春，相坐原宜惜寸阴。

案头绘端午景

酒罢戏笔染鬓狂，常较丹青费计量。
金龙彩凤千点墨，游人如织几痕霜。
毫端蕴秀描风影，青衣香染腕底香。
虽为端午闲采掇，扇头细描笑案旁。

他乡端午

杨　莹

你说，把米放进
你说，把叶拢起
你说，花生芝麻绿豆……
样样放进，色香俱全
故乡的粽子啊
妈妈的粽子啊
从那头
到这头

是谁，斑白了两鬓
翘首等待
是谁，揉湿了双眼
抬头凝望
是谁，孤独地行走
漫无目的
是谁，远望那灯火
不禁一涩

一所城市，万家灯火
没有一盏属于我
一所城市，亿万粽子
没有一个有你手心的味道
在这扰人的夜里
我又如何将息

满天的繁星
灼伤了我的双眼
故乡啊,在这五月初五的夜晚
你是否在那头
也灼伤了我心心念念的人儿的眼啊?

挽屈大夫

鲍安琪

入夜起兴踏江上，江山如画泼墨里。
长河浩浩千秋逝，星汉遥遥西风起。
听风舞浪会明月，求索任重谁人题。
遐思一曲秦时梦，霹雳弦惊吼西风。
纵横天下秦楚共，张仪一出雾患起。
明镜如心臣子恨，奋力拨云抚社稷。
独涉激流无所惧，命悬深涧不思量。
杯酒醉尽天下人，独醒衷肠何所寄。
孤帆不敌千重浪，佞臣亡国忠良泣。
汨罗斜阳似血照，拔剑无泪笑苍天。
天涯路漫望不穿，滂沱雨泣忠魂离。
大夫九歌向天问，醉意闻者眉睫湿。
更深露重寒意侵，梦断独伫意难辞。
但望英魂安然去，龙舟清荷大夫祭。
散散合合岁月风，幽幽远远此思遗。
自古豪杰愿与共，万里纵横共轻骑。
青史留名斯人去，莫论功过轻挽颂。
大夫气概撼九霄，长驱明志死不弃。
千年如梦惊少年，愿为此心存长计。
明月我心誓不渝，热血赤胆青云志。
前路道阻心似铁，宁舍我身取仁义。
甘为碎玉随风葬，大夫之后有人继。

相　见　欢

杜治伟

窗前雨打芭蕉，声嘲嘲。无处凤凰台上忆吹箫。　　端阳近，南风紧，报琼瑶。咫尺天涯何计把魂销！

端　　午

孙阳青

如果能乘一叶芦苇
我也想在你的怀里安睡
连梦
也是粽香味

可我才刚瞥了一眼手机
岁月就把白干偷换成黄酒
怎么喝,也喝不出乡愁

原谅你贪玩的孩子吧
毕竟夜里单调
而你的故事
我听得太多或从未听过

端午怀想

竹猗(沈洁)

香草,还是香草
美人,仍是美人
看不见的
只是你横逸的衣袂
后来
我听说,河边栈道有过你的足迹
遍寻天涯
看见的,却是
龙舟渡送两岸河山
是不是,早已错过
再见的,机会
却又是谁
同我娓娓说到
痛饮酒,酒中有真意
读离骚,见字如见面

我的孤独　是一棵树

池新春

多年前，在那个有湖和三月飞雪的校园里
我写下了一首小诗
叫做孤单的树

多年后，这个书和相机不离身、北人南居的女孩
在自己的空间敲下新的标题
我的孤独，是一棵树

曾经带着爱走天涯
晒尽了亳城一年零一个月的烈日
只为回来温暖她一月的寒冬

曾经零九年的大年夜
靠在南托大院子里那枯无一叶的老树下
等待雪落，眼泪也一起冰冷

曾经在绝望的冷水里
想让自己的生命划上句号
因为有一些无奈，注定无法弥补

以前想要得到幸福
所以当游子赚银子看房子
直到洋湖旁边的楼盘有了暖气
还是精装修，有小学，通地铁

我知道,怕冷的人,不会咳嗽了
我想,我的家,应该在这里了
我们的家
那个曾经以为拥有了
如今握在手中却失去的

还好
绝望从不放过希望
但希望从不轻易绝望

我真的就是这么一棵树
不需要你来护我,更不需要你来养我
只需要你肯来,你肯在树下
你躺着读书,你靠着发呆
你打着呵欠,你犯困睡着
迷迷糊糊也好,偶尔精神也好
开心快乐也好,难受憋屈也罢
我都是满足的,也都是幸福的

只要你在树下
我的叶子就一定是青绿的
只要你在树下
我的枝干就一定是粗壮的
只要你在树下
我的根茎一定就是牢固的

因为,你在树下啊

你不用抬头也不要浇水
你无须培土也不用裁枝
你只要在树下,静静的

静静的，静静的，静静的
陪伴着我

我会把最灼热的太阳遮住
我会把最凉爽的清风送来
我会把最温暖的日光散落
我会把最寒冷的落雪挡下

我的孤独，是一棵树
只要你在树下
这棵树上，最美的花，会结出最甜果子来的
然后轻轻的、柔柔的、缓缓的，掉落下来
不是头顶，而在你的手心

如今已是七月，在盛夏酷暑之中
这枚，唯一的，专属于你的果实
有个很美的名字
七月生

希望，你能好好地接住
希望，你能用心地珍惜
这枚果，这颗心，这份爱

希望，这棵孤独的树
永远不再孤单

端午小怀乡

池新春

下个时分叫夏至
那儿的树绿得发亮
上个时分叫端午
那儿的云有种光芒
你说
天热了,虫儿要出了
我的席子旁多了几片菖蒲
于是,夜很静、很香
你说
有位大夫跳了江
剥一层粽叶
希望它漂到,漂到
汨罗那个地方
我不懂
为什么总往我肚兜里偷偷放香料
总要和外公老远撑渡到北乡
越过细长的河,胖胖的田
护出一坛雄黄酒

北乡的爹爹娘娘喷一身艾叶水
把我抱进新房
你笑我,像个猫儿
细细嗅着
我知道北乡的夜很浓,很香

下个时分又叫夏至
我漂到了江南
这个时分又叫端午
妈妈说要给你添柱香
天儿依旧很热
想喝你煮的绿豆汤
我记得,不要放糖
怪我
端午小怀乡……

端　　午

杜　颖

小符艾枝旧时闻，
楚江空渺蕴忠贞。
九死未悔再难觅，
今朝复叹屈氏魂。

粽

苏　莹

你是一颗年轻的粽子
青色的是皮，白色的是米，红色的是枣

折叠，饱满而后被小心绑缚
站在潮湿的土壤上
脚下是流动的江水
水雾缥缈，你看见一大片熟悉的幻境
触碰的一刻就消失了

你是一颗异乡的粽子
却依旧成为端午

醉花阴
端午

何珊

夜行梅雨湿人衣,残红芳草萋。南国正端午,袖笼闲愁,晓月残更漏。　　彩灯蜜粽笑语喧,离家已二年。知己天涯远,朝夕不见,失路在人间。

我从未问过端午的传说

杨　波

农历五月，太阳热烈地炙烤着长江
长河水，却是闸开平两岸
看得人恨不能跳下去洗去一身的燥烦

河的一头，龙舟一排排鲜艳地泊着
它们自在地享受着人们无声的赞叹，这是手艺人的光环
我远远地望着模糊，却足以令人心神晃荡

你看不到一个女人，她们正聚在厨房
用叶子和草，将糯米和红枣裹上节日的芬芳
不消两个钟头，孩子们自会被香味牵引回家

书包不知被扔到哪儿去了，粽子已被清水浸凉
抓上一串不必担心什么
今天只管纵情地疯玩

从起点到终点，焦急和兴奋将气氛渲染
人群在摩擦，等待着濒临的快感
男人们整装待发，赤着的胳膊肌肉偾张

啊锣终于敲响
喝彩声从人群中爆发
上上下下，前前后后，尽情呼喊
男人们一路狂飙，从西河到长河，从长河到长江

激情被无端点燃

也许吧,激情似突然迸发的快感,随年岁慢慢挥发
我站在十年之后的彼岸
怀念着当时江水漫过脚踝的清凉

我从未问过端午的传说

礼　物

王静荷

六月羞红着脸颊
悄悄放下一个礼物
拆开墨绿的包装
溢出了
母亲的微笑

端午之水

凤　天

端午在黄昏
黄昏是水面发白的眼睛
在千年以前
屈原喝了点酒
汨罗江就在耳边不停地旋转
“啊！”
屈原和我都大喝一声
端午在唱歌
端午没有那么多愁

渔民的龙舟由慢变快
在水面，五月又是另一种季节
从远方射过来，在水中平躺
没有盲从
屈原跳下去
粽子跳下去
我跳下去
水中的端午是一种情怀与离骚
而无关水面上的种种

端　　阳

徐　娟

滴露的艾叶
斜斜地插在门头
阳光下，泛着银色的湖水
一圈圈的涟漪化开
是隐隐的粽香

闪过的一排排龙舟
是否赛出雄黄的后劲
和声里，矫健的身影
划过桨声的歌唱

彩色的丝线
一道道，缠不断民族的纪念
汨罗的距离不远
白芷葳蕤在河旁

斜阳一方
又是端阳

诗歌两首

于苗苗

五 月 艾

手持一弯镰刀
怀抱一捆茎叶
记忆中的五月初五
总有艾的香味

循着气息
我看到
你悬在门槅的洞隙里
你舞于火盆上方袅袅升起的熏烟里
高调张扬然只得短暂停留

你从田间来到院落
用尽全部的热和情与五月相拥
在母亲灵巧的双手里化作初五一份朴实的爱
于是
你便从鼻尖来到心间
默默无语却得以永存

端午思怀

绿色的叶子
通红的枣儿

瓷白的糯米
我用细细的丝线
将它们缠绕包裹成一帆绿色的小舟
载去我满怀的思念

思念那份瘵瘵之身的坚守
思念那场螳臂当车的抗争
思念那颗在浊世里求索光明的灵魂
思念那个如在暗夜里自我燃烧的萤虫一样的人

此刻
立在江畔
江水流深
天问不止
披发者的行吟声仍在诉说

我走在汨罗江的行畔

徐胤禛

我走在汨罗江的行畔
畔边的莲叶曾是你晏晏的衣裳
高高的冠冕在风中挺立
飘飘的佩带在云里飞扬

我走在汨罗江的行畔
畔边的流水就是你投江的地方
究竟是怎样的苦痛
化为了一年一度的端阳

千年前你在这里吟唱
千年后我在这里想望
你对天发出的一连一百七十多问
最后竟变成这沉默的长江

江上的渔夫
曾与你共话沧浪
但是高飞的鸷鸟
自有开道的凤凰

天际的神女
是为你招魂的巫阳
想必那遥远的天帝
也感到黯然神伤

雾霭沉沉的楚地
没有人懂得你的哀伤
唯有这江天的暮雨
在诉说永不能忘的国殇

远处又传来龙舟的喧闹
和粽子的清香
在一片欢笑中,我俯下身子
饮一掬苦涩的汨罗江

重阳记事

——念往昔与祖父同赏菊展

吴宗仁

道是佳节又重阳，
何方游子思乡心。
万朵金菊争艳处，
不见故人青衫影。

他沉江的昨天(端午其一)

金昭颖

他沉江的昨天
也沉了清塘里一池嫩绿的莲花
和一双王谢旧檐睡死过去的燕子

端阳这日
我白色的袈裟被橙红的雄黄酒染了咒
在水中走过
也便冷湫湫地沉潭

空气里都是锈的雨
陈梁上镌的诗
都以悼念为吟,铜钟为诵
一千个活人齐唱着
大荒流和悲咒
不悟,就淹没了你口鼻舌身

一如为绿荇柔软充斥了双耳
汨罗江底
河泥腥得让人窒息

石头还抱在怀里
说不放手就是坚贞
于是便幽幽觉得
不薄情的不是良人

休去歇去
一条白练去
留下半寸蜡烛的大庙
燃起艾叶
宝相里透骨的凉薄
第二天早上还要再次熄灭
就是再一次死了

反复且长久的死
有人懒于哭的
吱吱呀呀的
我看见函谷关闭了
木门上俱是花尘土
落下一匹未出的青驴

龙舟(端午其二)

金昭颖

轮回暗,妖散华
嗡嗡不绝的鼓点落落不息
来自蛇皮的招魂曲
杂色的幡旗恍成了琥珀色的新酒
从微扬的下巴上滑落
不沾染,是一盏最美的滴弧

看不见水的地方,看不见龙舟
醉成一团的老戏骨
仗着驱逐令,没命划桨
欸乃不闻,水声嘈杂

暗褐色的水草,都是掉界的脏绫
听着雌雄莫辨的幼稚吟唱
穿过间歇失明的白
回到人间,两千年也便累了
黑白无常都快困死了

只有瞎子和孩子
还在孜孜不倦地踮脚
憧憧人影里,看龙舟

她伸过葱白纤长的手指
为我蒙上眼前的黑帕

中　　秋

金昭颖

月亮和潮水涌上来
背着家的孤舟退远去
白眼白水，白死鱼肚和白色的月亮
青荇青豆，青玉藏戒和青色的指甲
煮着稀粥的舟子，稀稀拉拉地
呕吐着水的钝痛

新换的帆布降下来
新开的咸水倒下去

谶语听起来都很好笑
厌恶豆子的教宗说
爱好豆子的人是有罪的
连睡眠时都有

什么时候修得正果？
冗长的证悟和今夜的蝙蝠一起喋喋不休
就着懒惰，我多睡了半个小时

只不过在这个中秋
祈求一个平静的宽恕

滴 水 藏 海

浣　溪　沙

朱枫林

昨夜多少庄生梦，又是一秋，夕阳无尽头。是花是雾不穷究，穷究无尽头。今日又似尾生守，白茅仍在，不知人在否。聚散难期空添愁，日日江水流。　　　今朝无限红豆思，辗转秋夜，残月当圆否？梦否实否怎看透，看透又何愁。明朝凭望杜鹃寄，旧梦依依，谁另吾依旧？人生似花花似梦，朝朝空林守。

木 兰 花

怀 小 玉

段 植 王少杰

多情却被无情误，病榻游丝千万数。山盟海誓已成空，沧海桑田难再度。 一人独守窗前路，不见情郎回首处。西风落日子规声，残照花丛小玉墓。

浪 淘 沙
滨 江

陶忠健

银观铁凄凉，山水苍茫，浮瓦落尽碧天长。呜咽大江流不住，淘尽兴亡。　　浮沤剩空房，久注坡荒，我来凭吊几神伤。落寞前生借何处？芳草斜阳。

无　题

袁小枫

幽道风景人倦行，今春燕子太无情。
只为百花啼春色，不闻东风落梅声。

登天门山二首

王嫣然

其　一

昔游潇湘地，践学赭山丘。
朝晴荷风晚，信步长江头。
诗才润沃野，浩荡传千秋。
赋雅自随心，挥毫唯所忧。

其　二

玉鳞波光潜入楼，少年客思独新愁。
江南夜雨残花落，柳巷春风好梦留。
文正江山觉后古，江淮子弟黄梅酒。
太白衣冢今犹在，清风明月水长流。

致 皖 鸢

朱枫林　袁小枫

清荷细雨初露尖，缘遇纸鸢载华年。
正是江南好风景，不负人间四月天。

杂　　感

陶忠健

昨日风流欲升仙，点装净浴笑从前。
烈风九天犹乘鹤，醒来半似在人间。

慰 友 人

朱孝波

一念花开知花落，行人不见秋声弱。
千重山外人外人，几多闲愁听君说。

苏 幕 遮

王少杰

满山辉，月又归。晴巧不见，唯有伊难回。木叶葱葱惜残夜，影漾清波，惊得蛙难睡。　　雀南飞，远山炊。莲子丛生，颍畔一人醉。青鸟殷殷遣笺来，酹酒敬上，日月永相瑞。

倦寻芳[①]

祭王安石

季 婷

残月当空，对旧亭语，枯藤谁倚。栀酒有缺，桥边长弹一曲。清荷谢，愁怨起，凉风兼来好梦醒。算而今，揽良辰好景，孤苦伶仃。 忆往昔，也曾得意，也曾失意。厌被白头，消磨壮志豪举。当年登楼高谈叙，阑干草木皆流离。独悲乎！念斯人，归影何去。

① 拟王雱的《倦寻芳》，祭奠王雱的父亲王安石。写的是王安石二次废相后的境况。

年关回睇

李冠达

风尘三载命如丝，一哂浮名是忘痴。
方寸混成辟性理，杯中影笑梦知迟。

新正两首

李冠达

一

一番杏柳又春风，述古诽今事不穷。
人间烂桃当熟未？黄道栖霞坐枯荣。

二

碌劳生就冷香人，俗笔不堪画妙神。
携镌天仁成器骨，一番捶杵到长春。

乡　　思

刘潇潇

吞声泣涕平生梦，漫道残阳逐暮鸦。
塞北丰年添瑞雪，岭南寒月厌梅花。
青山万里家何在，雁字无声失镜华。
泪亦有穷思难尽，江水无情碧云斜。

石 竹 花

刘潇潇

郁香婉转出空谷，知是佳人绝代居。
不待风流车马驻，何教骚客重唏嘘。

读史有感

魏梦娅

昭昭青史赫赫名，将军吴钩血染缨。
功名宜向马上取，列国封侯煜楚京。
声高震寰紫皇惊，杯酒默释兵符萦。
莫向素衣风尘叹，千载谁堪逍遥行。

浣　溪　沙
端　　午

陈一鸣

凉梦桑槐蒸藻夏，褰风歇雨蒲榆香。啖茶开敞卧云帐。　　昼落榴花伏沉瓜。汨罗蘋芷晴泥漾，锦舟抛粽鲤鱼忙。

偶成苏州旧事赠友

陈一鸣

天低黛瓦客仆仆，水托青蓬行渌渌。
煮茶烧饴思无物，一瓯云碾到姑苏。

乞　　梅

陈一鸣

贫畦韭瘦初参差，折苇惊鸦打絮过。
老圃长解新木降，寒灯惯看温炉火。
寄语和靖烟舍梅，朔风此篇约君说。
夏尘浮砺秋瑟罢，莫辞一斛冬朗阔。

咏　古

江　舟

姜尚定国开伟业，玉榜封神荐轩辕。
殷商息存留豪骨，百年之后有人杰。
枞川阳湖莲花起，万鸟齐鸣赤子生。
纵横疆场始成器，登龙台上跨云烟。

君　子

吴笑天

良宵玉盏雪纷飞，月下花间影作陪。
笑问朝前谁自在，奈何桥上酒一杯。

七绝平起首句押韵　秋昏

席锦娜

朝花晓梦韶光寸，向晚催寒暮已昏。
夜起阑风檐上雨，开奁几自拭红痕。

居　　春

席锦娜

长堤飞柳绿参参，寒江微草蘖纷纷。
蝴蝶归去花犹在，彳亍稚子不识春。

清　　明

阮德海

孤城蓝烟马,驿岸红潜鸳。
漂流伤心客,残生半尾貂。
茶龙洗云泪,舟帘坠梦星。
当年风灵眼,锦绣玲珑听。
访我非故人,之道有童欣。
罔川新余恨,次次见清明。

德　雅　赋

李冠达

式观元始，初肇鸿蒙；德雅比附，八极在中。太古精英，道机合者称制；三代弘业，文教化域事功。尊德乐义，成仁中庸；秦残刀笔，汉隆大风。六家要指，为胜不失仁本；春秋繁露，尊王托庇天聪。曰五经之正义，启治平之端拱。天心大雅，毛诗隽后述作；为政明德，北辰际而大学。冲淡可蕴国器，质正以制良弓。是故辞章百代，源道流播；视涉王畿，归造一同。

是夕江城偏隅，皖文正朔；衵慕衣冠，始矜简牍。鉴湖侨寓，明德俯阅津源；素王遗韵，风雅以擅弦歌。先师高朋，雄才荟萃；月魄云英，神秀钟灵：兰质蕙心，许弄彤管；明玉纤荑，知羡湘林。肝肠冰雪，沁烟水以还魄；娥黛款缎，挟青岚而扬眉。檀口含香唾绒，莹珠润朗箜篌。镜天水月之萧鼓，寒露淡霭之笙芦。德雅为质，穆襄浑梦；西陵执璋，仪同贞淑。雅言清皓，涵宁馨潜流素月；德辅懿和，敛殊异举奉霞觞。参齐天之功化，弼元坤之物伦；得洛水之瑛珏，奉天梁之瑰珍。方寸泰和，容姿姑射。为撷秀之至性，成德雅之至行；辟诸道之新化，证世代之隆兴。

菩 萨 蛮
琵 琶 伤
吴笑天

寒窗月半人孤醉，雁书未卜伤憔悴。雨断乱蒹葭，琵琶花下弹。　　妆花人未晓，惊起泪三更。明夜琴声在，何处是归人？

忆　江　南

席锦娜

秋声里，断雁几神伤？暮水寒天烟色老，村山野岸岫光凉。风树半夕阳。

子 夜 歌

陈一鸣

菖蒲猎猎小园廊,佳人一去织草涨。醺醪入愁骨,且待墨笔秃。 车前美人蕉,笠下飞燕草。恁处与君说?唯我独濩落。

相　见　欢

刘潇潇

深闺夜半寒风，月微笼。无意江天忽冷，岭南重。　　凭谁问，愁肠甚，泪难穷。一片真心何与，付残红。

如　梦　令

匆匆那年

刘潇潇

香馥入魂清弄，雨和落金烟重。长记旧学园，应似眼前光景。如梦，如梦，岁月匆匆倥偬。

相　见　欢

刘潇潇

林花漫卷残红，小庭中。几度思心成恨，惹春风。　　朱弦断，情意短，泪难穷。最是琵琶和雨，怨帘栊。

江　城　子

画船听雨

程玉洁

江南花月自绵延，景阑珊，人婵娟。秋暖微熏，一柳绿腰胭。歌尽人面扇底艳，花影重，缓香翩。　　画船听雨醉云间，落花潸，沁春芊。却是可怜，一眼润轻烟。深浅浓薄明灭处，思缱绻，赋流年。

菩 萨 蛮
岁 末

陈一鸣

青丝落尽浑不觉，篦齿疏疏天光埆。岁末方自矜，造化弄尘泥。　江北故乡人，殷殷望家门。年近鹊跃枝，何人解鞍至。

虞　美　人

吴笑天

闺中雨落青丝发，眉目依如画。恍惚相望已如麻，月下花前还可忆兼葭。　　余音空洞寒喑哑，锦瑟随风化。夜凉梦去问清茶，已是茶凉杯盏尽桃花。

阮　郎　归

陈一鸣

寒舍栊冷林漏光，江色拟天苍。松涛凛动鸦声长，三两向其乡。　　旅调扬，覆杯狂。家酝几清芳，为遣中宵叩梓桑，笑语响间梁。

点 绛 唇

无 题

刘潇潇

渭泾东流，几回往事堪回首。凤凰台上，萧咽寒蝉又。　　闲话当年，锦帽和貂裘。灞桥柳，凭君知否，暂共黄藤酒。

鹊　桥　仙

王梦珂

玉笛轻传，佳音尤醉，为底心付难收。焉曾疏楼望相守，却已把悠悠梦留。　　同心抒惆，寄词相授，怎奈流年暗偷。几许深意枉再求，可知久再难相候。

少　年　游

五月十八日丑时有述

李冠达

消闲诗酒待辞春，着意付前尘。枕流生梦，玉箫明月，一介校书人。　　五年碌碌成痴笑，不是自由身。名利有情，文章误我，根骨俱如真。

石　州　慢

夜雨有怀

李冠达

大梦春秋，一夕流散，冷灯寒月。幽斋心梗难疏，厌弃案头呜咽。晚来风槁，正恐萧索精神，文章再负枯心血。仰面事高寰，把功权相借。　　羞劝，白身名色，物议囫囵，都由销灭。事理平勘，富贵岂无侵窃。道学论古，好评述人伦，因缘都作风尘解。是困顿前生，注牢骚一页。

无　题

李冠达

小像借描灯前事，
槐西存墨语天机。
痴人故枕梨花梦，
作向秋深不忍知。

有　　感

刘潇潇

莫言年少便无愁，几度背人上画楼。
豆蔻年华转眼逝，飘蓬岁月瞬息流。
此日决离归陋舍，当时哂笑觅封侯。
余情最擅怀悲惋，廖落江南更一秋。

岁　　末

刘潇潇

岁末愁倾难赋词，强归雁信数行诗。
岭南岭北佳期似，帘卷帘垂底事痴。
近水孤鸿频悼影，临池雎鸟几登枝。
如今墟市荒江里，梦到酒阑人醉时。

团　扇　歌

刘潇潇

皎洁秦地月，流影素白罗。
白罗一时裁，君恩别处多。
秋来浑无用，裁成奈之何。
长门湿晚露，旌旗昭阳过。
弃扇一水间，脉脉隔银河。
此情寄阿谁，翻作团扇歌。

南 乡 子

徐 建

孤雁成行，焦鹿梦外岁月长。昔朝今地几疏狂，未暖。杯中酒寒人将忘。

蝶　恋　花

徐　建

晓来窗外觉轻寒，昨梦依稀，檐下燕呢喃，迷离烟草半川霜，枯候青衣秋水上。　　独凌仙阁玄霖雾，青灯孤影，不言醉几暮，桂芳可断人肠处，雨叩阑干问客无？

枇　　杷

刘潇潇

非是愚顽偏错写，经风每自起哀鸣。
谁将庾岭停韶曲，添作南桥暗雨声。
司马江州衫共湿，昭君朔漠辇初行。
人寰万事多伤感，所以凭君倍恸情。

蝶 恋 花
咏 冬

李冠达

日短重寒折火耗，慵起添衣，久过人间早。避处方斋学宿老，书生继夜不觉晓。　　多少酥红攀鬓角，都似琼花，未老先白了。深雪长隔芳讯缈，香烟暖室青梅小。

后　　记

“诗”为心声，歌以咏志。经过长期的整理与修改，我们在近些年参与江南诗社征文的诗作中进行遴选，将优秀作品结集成册，编成这部《何不忆江南——安徽师范大学文学院学生校园诗歌作品选集》。此次共收录优秀学生作品200余篇，按作品内容划分为六个部分：“暮云春树”“朝花夕拾”“白驹过隙”“诗酒年华”“佳节诗会”“滴水藏海”，希望能给广大诗歌爱好者带来阅读乐趣和审美体验。

这部诗歌作品选集收录、编辑过程中，江南诗社成员倾注了大量心血。2013—2014年，诗社成员（时任社长王腾辉）在杨四平、张应中、吴青山老师的指导下，组织举办纪念成立三十周年庆典活动，组建诗社史料整理暑期实践团队，全面梳理、固化诗社发展成果。2016年以来，诗社成员（时任社长卢文韬）在杨穆龙老师指导下整理收集大量历年诗歌作品。这些前期扎实的工作为本书的出版奠定了坚实的基础。

为了编好这部作品集，我们通过多种渠道与作者联系，取得了大力支持。本书在后期编选过程中，得到了学院党政领导、相关校友、有关专家学者和老师的帮助。杨四平老师和校友束舒娅（2009届汉语言文学专业毕业生，原诗社副社长）认真审读初稿，提出了很多宝贵的意见。何涛、赵瑜、汪旭、徐雅萍、孙霁雯、周青松等老师，方铭、朱慧琴、王璐、高严慧、李佳静、程为、叶瑾、张睿等同学不辞劳苦，完成了作品筛选、整理、设计、编排、校对工作。在此，我们对本书提出修改意见、提供过帮助和支持的所有专家、校友、老师和同学们深表谢意！我们还要郑重感谢安徽师范大学出版社，在他们的热心帮助下，诗集得以顺利出版。

在诗社征稿过程中，学校广大诗歌爱好者积极投稿，为编辑此书提供大量作品支持，由于本书容量有限，我们无法将所有作品全部刊载。在作品结集过程中，因为多数同学已经毕业，我们未能一一征求作者的意见，标注作者的详细信息。如有作者对作品或作品集有意见与建议，请联系江南诗社，我们将在再版时吸纳完善。对此，一并感谢。

希望《何不忆江南——安徽师范大学文学院学生校园诗歌作品选集》能够展示江南诗社近些年的发展成果，得到更多读者朋友的反馈与建议，共话成长进步。

何　涛

二○一七年十二月二十二日